U0508194

本书获衡水学院学术专著出版资金资助出版

本书获衡水学院校级课题（2021SK14）资助出版

| 光明社科文库 |

地方本科高校转型发展治理研究

韩伏彬　董建梅◎著

光明日报出版社

图书在版编目（CIP）数据

地方本科高校转型发展治理研究 / 韩伏彬，董建梅

著 . -- 北京：光明日报出版社，2022.11

ISBN 978 - 7 - 5194 - 6897 - 2

Ⅰ.①地… Ⅱ.①韩… ②董… Ⅲ.①地方高校—学

校管理—研究—中国 Ⅳ.①G647

中国版本图书馆 CIP 数据核字（2022）第 212745 号

地方本科高校转型发展治理研究

DIFANG BENKE GAOXIAO ZHUANXING FAZHAN ZHILI YANJIU

著　　者：韩伏彬　董建梅

责任编辑：刘兴华　　　　　　　　责任校对：阮书平

封面设计：中联华文　　　　　　　责任印制：曹　净

出版发行：光明日报出版社

地　　址：北京市西城区永安路 106 号，100050

电　　话：010－63169890（咨询），010－63131930（邮购）

传　　真：010－63131930

网　　址：http：//book.gmw.cn

E - mail：gmrbcbs@ gmw.cn

法律顾问：北京市兰台律师事务所龚柳方律师

印　　刷：三河市华东印刷有限公司

装　　订：三河市华东印刷有限公司

本书如有破损、缺页、装订错误，请与本社联系调换，电话：010－63131930

开　　本：170mm×240mm

字　　数：215 千字　　　　　　　印　　张：17

版　　次：2023 年 1 月第 1 版　　　印　　次：2023 年 1 月第 1 次印刷

书　　号：ISBN 978 - 7 - 5194 - 6897 - 2

定　　价：95.00 元

版权所有　　翻印必究

序

1999 年以来，随着我国高等学校扩大招生政策的实施，一批地方专科院校或独立或联合升格为本科院校。因为这些学校绝大部分位于非省会城市，学界一般称其为新建地方本科院校。据教育部官方统计，这些学校已经有 400 多所，发展至今大部分已经有 10~20 年的历程。这期间，它们大多经历了从专科到本科的办学层次转变、从单科向多科的学科结构转变，以及从普通高校到应用型高校的类型转变等三次"蝶变"，从外到内正在实现华丽转身。

地方本科高校转型发展是一次全新的、突破性的变革。它们自从成立以来，就在不断探索自己的发展道路，如 21 世纪初更多关注人才培养目标、学校定位，并掀起了应用型本科教育的大讨论。在学界讨论正酣时，有若干南方高校开始悄然酝酿转型的试验。常熟理工学院以"办好一流应用型本科教育，培养一流应用型本科人才"为目标，坚持"注重通识、融入业界"人才培养理念，以品牌专业建设为引领，以专业认证为抓手，以产教融合为路径，探索基于现代产业学院建设的跨学科、跨专业的复合型、应用型人才培养模式改革，走出了一条具有自身特色的发展道路；合肥学院成立之初，率先提出"地方性、应用型、国际化"的办学定位，借鉴德国应用科学大学办学经验，围绕应用型人才培养关键要素，进行系统改革和实践，构建起具有鲜明特色的应用型人才培养体系，为区域发展培养了大批高素质应用型人才，进入转型发展第一方队；黄淮学院紧紧围绕"建设特色鲜明的应用型本科高校"的发展目标，成功探索了一条"地方性、国际化、开放式、应用型"地方本科高校转型发展道路，学校整体办学水平和社会影响力持续提升。在这些学校的引领下，我国地方本科高校转型成为21世纪高教领域中一道亮丽的风景线。

上述学校转型发展的成功，让我们陷入深思。究竟是什么促使这些高校能在转型发展中脱颖而出，成为同类高校的领跑者。在细心梳理了近十年的文献资料后，我们发现，转型是一个复杂的系统工程，涉及人、财、物等方方面面的因素，透过现象看本质，转型的"基因"就在于学校的内外部治理，循着这一认识，便有了系统探索转型治理的冲动和想法，初次探索，未免青涩，望各位方家不吝赐教！

作者

2022 年 3 月 15 日

目　录
CONTENTS

第一篇
地方本科高校转型背景与理论基础

▼

▼

第一章　地方本科高校转型背景与现状

第一节　转型背景、意义和历程

一、转型背景

辩证唯物论认为，一切事物的存在和发展都是有条件的。任何大学制度都是针对具体社会环境和大学条件的，离开了现实的具体的社会环境和大学条件，再好的制度设计也只能是镜中花、水中月①。我们认为，地方本科高校转型的研究背景主要表现为我国社会经济结构转型升级、现代大学制度建设和高等教育结构调整三个方面。

（一）经济结构转型升级

当前，我国经济发展已经进入新常态。所谓新常态，习近平总书记在 2014 年 11 月 9 日的亚太经合组织工商领导人峰会开幕式上的演讲中，首次对经济新常态做出内涵解释。他指出，中国经济呈现出新常

---

① 别敦荣. 我国现代大学制度探析［J］. 江苏高教，2004（3）：1-3.

态，有三个主要特点。一是从高速增长转为中高速增长；二是经济结构不断优化升级，第三产业、消费需求逐步成为主体，城乡区域差距逐步缩小，居民收入占比上升，发展成果惠及更广大民众；三是从要素驱动、投资驱动转向创新驱动。①《中华人民共和国国民经济和社会发展第十三个五年规划纲要》对新常态做了具体部署安排，一是产业结构调整目标，即产业迈向中高端水平，农业现代化进展明显，工业化和信息化融合发展水平进一步提高，先进制造业和战略性新兴产业加快发展，新产业新业态不断成长，服务业比重进一步提高。二是发展动力目标，即创新驱动发展战略深入实施，创业创新蓬勃发展，全要素生产率明显提高。科技与经济深度融合，创新要素配置更加高效，重点领域和关键环节核心技术取得重大突破，自主创新能力全面增强，迈进创新型国家和人才强国行列②。新常态下的产业结构转型升级对政府意味着要大力简政放权，进一步释放市场活力，放开市场这只"看不见的手"，用好政府这只"看得见的手"。对高等教育则意味着要尽快调整学科专业结构，培养大量中高端创新型、应用型技术技能人才，满足产业结构转型升级的需要。

（二）现代大学制度建设

《国家中长期教育改革和发展规划纲要（2010—2020 年）》将"建设现代学校制度"单列一章，从推进政校分开、管办分离，落实和扩大学校办学自主权，完善中国特色现代大学制度等几个方面进行了表

---

① 习近平. 谋求持久发展 共筑亚太梦想——在亚太经合组织工商领导人峰会开幕式上的演讲［EB/OL］. 新华网. 2014-11-9.

② 国务院. 中华人民共和国国民经济和社会发展第十三个五年（2016—2020 年）规划纲要［EB/OL］. 中国政府网. 2016-3-17.

述①。其核心主要表现为"依法办学、自主管理、民主监督、社会参与"，强调重构政府、学校和社会的关系。即政府要明确管理权限和职责，转变管理方式，向学校放权；各级各类学校要坚持和完善党委领导下的校长负责制，明确办学权利和责任，强化章程意识，依法自主办学，充分发挥学术委员会、教职工代表大会、学生代表大会和群众团体在学校教学与管理中的作用。探索高等学校与行业、企业密切合作共建模式，积极吸纳社会力量参与办学，鼓励专门机构和社会中介机构对高校进行质量评估等。2017 年 9 月，中共中央办公厅、国务院办公厅印发《关于深化教育体制机制改革的意见》（下文简称《改革意见》），该文件再次强调，要依法落实高等学校办学自主权，完善中国特色现代大学制度②。长期以来，我国高校办学在学科专业设置、教师聘用、教学经费、科研项目管理等方面受制于政府，成为政府行政权力的附属物，政府对高校事务干涉过多、包办过多，致使高校深深陷入"行政化"的泥潭不能自拔③，严重制约了高校的办学活力和创造性。因此，地方本科高校向应用型转变的过程其实也是重新理顺和塑造政府—高校之间关系的过程和契机，现代大学制度建设无疑为本研究提供了一个很重要的制度框架。

（三）高等教育结构调整

高等教育结构是指高等教育系统内部各要素的构成状态，是由一定的关联方式和比例关系所构成的动态综合体，包括高等教育的层次、办

---

① 国家中长期教育改革和发展规划纲要工作小组办公室. 国家中长期教育改革和发展规划纲要（2010—2020 年）[EB/OL]. 中华人民共和国教育部. 2010-7-29.
② 中共中央办公厅 国务院办公厅. 关于深化教育体制机制改革的意见 [EB/OL]. 中国政府网. 2017-9-24.
③ 陆禄."去行政化"改革背景下政府—高校关系重构研究——以南方科技大学为例 [D]. 北京：首都经济贸易大学，2015：2.

学形式、科类、专业以及布局等。其中，适应经济和社会发展的需要是高等教育结构调整的首要因素①。自新中国成立以来，我国高等院校为了适应不同时期经济和社会发展需要，大致经历了三次大的调整。第一次是新中国成立初期，为改造民国时期的高等教育体系，适应社会主义经济建设需要，培养大批专业人才特别是工业方面的专门人才，开始了1952年的院系大调整。经过调整，全国共有高等学校184所，其中，综合大学14所，其他工、农、医、师、财、政、艺、体等专门院校170所②。第二次调整在"文革"结束后到20世纪末，我国高校进入了恢复和增设阶段。恢复和增设的高峰期主要集中在1977—1979年和1983—1985年两个时段。普通高校数量从1977年的404所猛增到1016所③。这期间，我国高校经历了两个热潮，一是学校更名热潮，即由"学院"升"大学"，二是竞争"211工程"大学引发的兼并联合热潮。第三次调整是随着1999年高校扩招政策的实施，一大批由专科院校或独立或合并升格的本科院校应运而生。2020年全国新建本科院校联席会议暨第二十次工作研讨会上，教育部高教司吴岩司长介绍，截至2020年6月30日，全国本科院校1272所，其中新建本科院校731所，占本科院校的57.47%④。本次结构调整期间学校的定位伴随着国家系列政策的引导。党的十六大报告指出，全面推进素质教育，造就数以亿计的高素质劳动者，数以千万计的专门人才和一大批拔尖创新人才。《国家中长期教育改革和发展规划纲要（2010—2020年）》指出，建立

---

① 潘懋元. 新编高等教育学 [M]. 北京：北京师范大学出版社，1996：128-129.
② 王长久. 50年代院系调整的得与失 [J]. 辽宁高等教育研究，1995（2）：22-26.
③ 柴永柏. 建国60年中国大学发展研究 [M]. 成都：四川大学出版社，2009：82，135.
④ 任治春. 王世杰参加2020年全国新建本科院校联席会议暨第二十次工作研讨会 [EB/OL]. 合肥信息职业技术学院. 2020-11-06.

高校分类体系，实行分类管理，发挥政策指导和资源配置的作用，引导高校合理定位，克服同质化倾向，形成各自的办学理念和风格，在不同层次、不同领域办出特色，争创一流①。2014 年 6 月，国务院印发《关于加快发展现代职业教育的决定》（国发〔2014〕19 号），该决定指出，到 2020 年，接受本科层次职业教育的学生达到一定规模。调整完善职业院校区域布局，健全专业随产业发展动态调整的机制，引导一批普通本科高等学校向应用技术类型高等学校转型，重点举办本科职业教育②。随后，教育部等六部门印发《现代职业教育体系建设规划（2014—2020 年）》，指出要建立高等学校分类体系，探索对研究类型高校、应用技术类高校、高等职业学校等不同类型的高等学校实行分类设置、评价、指导、评估、拨款制度。引导一批本科高等学校转型发展。支持定位于服务行业和地方经济社会发展的本科高等学校实行综合改革，向应用技术类型高校转型发展③。2015 年 10 月，教育部、国家发展改革委和财政部正式发布《关于引导部分地方普通本科院校向应用型转变的指导意见》（教发〔2015〕7 号）（下文简称《转型意见》），指出了转型的意义，主要考虑的是适应人才供给与需求关系深刻变化，经济结构深刻调整、产业升级加快步伐，高等教育结构性矛盾更加突出，同质化倾向严重，毕业生就业难和就业质量低的问题仍未有效缓解，生产服务一线紧缺的应用型、复合型、创新型人才培养机制尚

---

① 国家中长期教育改革和发展规划纲要工作小组办公室. 国家中长期教育改革和发展规划纲要（2010—2020 年）[EB/OL]. 中华人民共和国教育部. 2010-7-29.

② 国务院. 国务院关于加快发展现代职业教育的决定 [EB/OL]. 中国政府网. 2014-06-22.

③ 教育部等六部门. 现代职业教育体系建设规划（2014—2020 年）[EB/OL]. 中华人民共和国教育部. 2014-6-23.

未完全建立，人才培养结构和质量尚不适应经济结构调整和产业升级的要求①。2015年、2016年和2017年政府工作报告连续三年做出地方本科院校向应用型转变的部署②。《转型意见》再次强调，不同类型的高等学校要探索适应自身特点的培养模式，着重培养适应社会需要的创新型、复合型、应用型人才。研究制定高等学校分类设置标准，制定分类管理办法，促进高等学校科学定位、差异化发展，统筹推进世界一流大学和一流学科建设。上述文件表明，建设高等教育强国，必须深化高等教育体制改革，调整优化高等教育结构，培养国家经济社会"适销对路"的各级各类人才。地方本科高校应根据国家教育政策引导，积极转变办学思路，调整和优化学科专业结构，转变学校治理结构和治理方式，在适合自己学校发展的道路上办出特色。

二、转型发展研究的意义

（一）转型发展治理的理论意义

地方本科高校转型是当前由我国政府引导推动的教育综合改革，涉及院校数量多，推广任务重，既是理论研究的焦点，也是实践探索的热点。综观地方本科院校应用转型文献，专家学者们提出了非常多的转型原因、存在困难以及策略和路径，尤其是在转型治理策略和路径方面，大部分涉及了政府、行业企业和高校三者协同治理的作用，但是三者究竟在地方本科院校转型发展中各起什么作用，需要怎么做，为什么要这么做等问题，鲜有人给出明确具体的回答。因此，本研究将系统梳理现

---

① 教育部 国家发展改革委 财政部. 关于引导部分地方普通本科高校向应用型转变的指导意见 [EB/OL]. 中华人民共和国教育部. 2015-10-23.

② 李克强. 2015—2017年政府工作报告 [EB/OL]. 中国政府网. 2015-3-16. 2016-3-17. 2017-3-16.

有文献资料，从相关论述的只言片语中和应用转型试点高校的经验中，进行分析提炼和概括，系统回答政府、企业和转型高校自身在转型发展中应当扮演什么角色，为什么这样扮演，以及如何扮演好自己的角色等理论问题，进一步完善该领域的理论研究体系。从大处着眼，本研究的理论价值更在于为我国建设中国特色现代大学制度，重构政府—大学之间的关系以及探索政府治理体系和治理能力现代化，推进优化放管服改革提供理论支撑。

（二）转型发展治理的实践意义

理论研究的价值在于指导实践并在实践中得到检验。推动地方本科院校应用转型，需要学校发挥主体作用，政府承担主要责任，企业发挥积极主动性。本研究采用理论联系实际的思路，一方面从外部治理的角度，探讨分析政府和企业在本科高校转型发展中应如何处理好与学校的关系，在转型中应该承担什么职责等理论问题，并以衡水市政府为实践个案进行剖析，分析其在本科院校转型发展中存在的问题及原因，推而广之，站在全国本科高校转型角度，提出解决问题的可行性对策建议。另一方面从转型高校内部治理角度，探索在国家治理体系和治理能力现代化大背景下，转型发展高校如何针对学校现状，如何理顺内部管理体制机制，推动校企合作，产教融合，开展校企共建二级学院、联合办专业和实践基地等，并以转型试点高校——衡水学院的实践为例，进行麻雀式剖析，从实践上介绍该校的转型发展探索和做法，提炼转型高校在实践中一些好的经验以及存在的困惑和不足，为同类地方本科高校转型治理提供经验参考和示范作用，提升全国地方本科高校向应用型转变的实践信心，并付诸积极行动。此外，该研究将专列一篇，以国内外转型发展成效明显的高校为对象进行比较研究，主要对德国应用科学大学和国内转型试点高校转型发展成效以及围绕当前转型发展的最新模式——现代产业学院，进行全方位介绍，对它们转型发展的实践经验进行理论提炼，为顺利推动本科高校转型发展提供转型样板或转型模式参考。

三、转型发展历程

1999 年以来，随着国家高等教育招生扩招制度的实施和大众化进程的规划，一批专科院校经过合并升格为本科院校，被称为新建本科院校。根据上文得知，截至目前，新建本科院校已占全国普通本科高校"半壁江山"，其前身有高职高专院校，有师范高等专科学校，有成人高校，有民办高校，还有独立学院，类型很多。新建本科院校数量的日益增多，已构成我国本科教育队伍中的一支新生力量，对我国整个高等教育体系的优化、发展具有重要作用。这些升本后的学校就像三明治的夹心层，在学术上赶不上重点骨干大学，在技能培养上又不如高职高专生熟练，高不成、低不就，而且就业率在三类院校中处于最低水平。如何帮助新建本科院校走出困境，成了中国教育高层管理者的治理难题和全社会都关注的焦点。

（一）找准办学定位——转型发展的初始探索

升本后，培养什么类型的人才、选择何种类型高校成为广大新建本科高校讨论的焦点，而后者定位取决于前者。

1. 关于人才类型定位

通过文献整理发现，我国对应用型人才的探讨主要发端于 20 世纪 80 年代以来的各地职大和电大①。当时主要基于 1985 年《中共中央关

---

① 周庆芯，雷德俊. 职业大学培养应用型人才的有效途径——江汉大学实行"早期实习，多次实习"的体会［J］. 江汉大学学报（社会科学版），1986（4）：25-28.

于教育体制改革的决定》（以下简称《决定》）的出台，该《决定》指出，教育体制改革的根本目的是提高民族素质，多出人才、出好人才。尤其提出要大力发展职业技术教育，造就数以千万计的具有现代科学技术、经营管理知识以及开拓能力的厂长、经理、工程师、农艺师、经济师、会计师、统计师和其他经济、技术工作人员。

到了 20 世纪 90 年代，应用型人才的探讨扩大到普通专科院校和研究生层次①。此时期理论界关注的重点是应用型人才的培养模式。如王珂珍提出的产学结合模式②，冯健璋等人提出的"三循环教学模式"③，突出强调了实践教学的作用。

到 2000 年左右，我国又掀起了专升本的第二次高潮，一大批专科院校通过合并升格为本科院校。这批院校中有的提出要培养研究型人才，不过这种不切实际的人才培养定位很快回归理性，基本趋于应用型高级专门人才目标定位。

2002 年，党的十六大召开，十六大报告指出，要培养"数以亿计的高素质劳动者，数以千万计的专门人才和一大批拔尖创新人才"。这一要求对中国高校进行分类管理、分类指导具有特殊意义，其实质是向高校提出了人才培养的三个层次划分，一是最基本的高素质劳动者，以熟练掌握劳动技能为基本特点，主要以高职高专院校为主进行培养；二是数以千万计的专门人才，以知识技能的应用为基本特点，主要由地方本科院校为主进行培养；三是一大批拔尖创新人才，以理论知识的研发

①　陈凯. 培养专科层次的应用型人才是时代的需要——发达国家的经验及其启示［J］. 教育与现代化，1991（2）：76-78.

②　王珂珍."产学结合"是培养高级应用型人才的新途径［J］. 辽宁高等教育研究，1991（S2）：21-24.

③　冯健璋，李才，李程斯."三循环教学模式"与应用型人才培养［J］. 高等工程教育研究，1994（1）：67-70.

为基本特点，主要以研究型大学为主进行培养。因此，数以千万计的专门人才的培养任务便指向广大新建本科高校。

在 2005 年全国第五次新建本科院校教学工作研讨会上，时任教育部副部长的吴启迪同志认为，新建本科院校要着力解决好科学定位问题，以培养高级应用型人才为主，服务于地方经济建设和社会进步①。地方高校培养应用型人才得到教育部相关领导的强调和提倡，说明应用型高级专门人才的培养已经不再仅仅是学术层面探讨或部分院校改革的试点，而是已经成为新建本科高校培养各行各业应用型高级专门人才坚定的方向和人才培养目标定位。

2. 关于办学方向

新建本科高校在"升本"之后究竟应选择什么样的办学道路？2006 年年初，潘懋元先生造访上海电机学院，欣然同意出任上海电机学院顾问，并在学院做专题报告。潘懋元先生对此问题进行过专门调研，其调研结果对新建本科高校升本后的走向提出了三类建议：一是学校可以走职业教育道路，把学校办成高层次、高水平的职业技术教育院校，培养高技能的应用型人才，即培养适应生产、管理、服务第一线的高水平技能型人才。二是学校可以走行业专门教育道路，培养专业性应用型人才，以行业为对象，着重应用，即培养理论水平比高职人才高、操作能力比技能型人才低、专业适应面较广的工程应用型人才或其他应用型人才（如律师、公务人员和教师）。三是学校可以走科研兴校道路，朝着学科性、研究型大学的方向发展，培养理论研究人才，以研究高深学问为目标任务，当然也只是培养初步的理论研究人才②。潘先生

---

① 唐景莉，陈强，郭炳德. 吴启迪：新建本科院校科学定位是关键［N］. 中国教育报，2005-11-11（01）.

② 潘懋元. 论新建本科院校的定位问题［J］. 上海电机学院学报，2006（1）：1-5.

的分析非常精辟独到，对广大新建本科高校在人才培养目标定位上具有较强的理论指导意义，同时启示新建本科高校要根据自身的优势，综合考量人才培养目标的选择及实现。

（二）转型理论探讨——转型发展的萌芽

《国家中长期教育改革和发展规划纲要（2010—2020年）》明确指出，"到2020年，形成适应发展方式转变和经济结构调整要求、体现终身教育理念、中等和高等职业教育协调发展的现代职业教育体系。""适应国家和区域经济社会发展需要，建立动态调整机制，不断优化高等教育结构。优化学科专业和层次、类型结构，重点扩大应用型、复合型、技能型人才培养规模，加快发展专业学位研究生教育。"这些指示引起了广大学者的关注和研究。有学者对2010—2012年CSSCI来源期刊中新建本科高校研究论文进行计量分析，认为较有影响的院校（研究机构）有常熟理工学院、池州学院、哈尔滨学院、浙江树人学院等，顾永安发表文章数量位居第一，与朱中华、陈新民、柳友荣等研究者（作者）在相关领域处于核心地位[①]。其间，出版的相关专著有顾永安等人编写的《新建本科院校转型发展论》、王玉丰编写的《中国新建本科院校转型发展研究——基于自组织理论的分析范式》、李泽彧等人编写的《高等学校转型——我国新建本科院校的视角》，等等，标志着新建本科高校转型发展理论迈出了第一步。随后就进入了从上到下的理论深入而广泛的研究阶段，在2013年教育部启动地方本科高校转型发展课题研究之后，主要以研究报告和学术论文等形式展现出来。其中，较有影响的有孟庆国的《地方本科院校转型发展实践与政策研究报告》、

---

① 陈新民. 中国新建本科院校的理论研究现状与展望——基于CSSCI来源期刊论文（2000—2012年）的计量与分析 [J]. 中国高教研究，2013（10）：76-81.

孙诚的《地方本科院校转型发展研究报告》、马陆亭的《应用科学大学建设的若干思考》、刘振天的《地方本科院校转型发展与高等教育认识论及方法论诉求》、陈小虎和杨祥的《新型应用型本科院校发展的 14 个基本问题》，以及《中国青年报》主任记者李剑平的《地方新建本科高校转型动了谁的奶酪》等多篇系列报道，等等①。这些理论研究和系列报道，为国家出台转型政策奠定了坚实的理论和舆论基础。

（三）应用技术类型教育——转型发展试点启动

1. 国家层面

2014 年 2 月 26 日，国务院总理李克强主持召开国务院常务会议，部署加快发展现代职业教育，提出要"引导一批普通本科高校向应用技术型高校转型"。2014 年 6 月 22 日，即全国职业教育工作会议召开的前一天，国务院印发了《关于加快发展现代职业教育的决定》（国发〔2014〕19 号）（以下简称《决定》），其中专列一条，即第六条"引导普通本科高等学校转型发展"，强调"采取试点推动、示范引领等方式，引导一批普通本科高等学校向应用技术类型高等学校转型，重点举办本科职业教育"。这项决定一石激起千层浪，教育界赞成者有之，质疑者有之，抵触者也有之。2014 年 3 月 22 日，时任教育部副部长的鲁昕同志在"中国发展高层论坛 2014"的讲话中明确指出，2000 年后"专升本"的近 700 所地方本科院校外加 1000 所高职高专院校共计 1700 所高校将逐步转型，做现代职业教育，重点培养工程师、高级技工、高素质劳动者等，提前吹响了转型的号角，为贯彻党的十八届三中全会精神和《国家中长期教育改革和发展规划纲要（2010—2020 年）》，贯彻

---

① 顾永安. 新建本科院校转型发展的核心要义、目标趋向与根本指向 [J]. 河北民族师范学院学报，2014（04）：1-5.

落实《国务院关于加快发展现代职业教育的决定》和《现代职业教育体系建设规划（2014—2020年）》，提高高等教育服务区域经济社会发展的能力和水平，教育部等四部门在2014年4月联合发布《关于地方本科高校转型发展的指导意见》（征求意见稿），从政策上迈出了第一步。

同年由应用科学大学（学院）联盟、中国教育国际交流协会主办，驻马店市人民政府、黄淮学院承办的首届"产教融合发展战略国际论坛"2014年春季论坛在河南省驻马店市开幕。论坛以"建设中国特色应用科学大学"为主题，时任教育部副部长鲁昕出席开幕式并讲话。在4月26日的论坛闭幕式上，参加论坛的178所高等学校共同发布了《驻马店共识》。

《驻马店共识》

2014年4月，178所高等学校聚集驻马店，落实国务院常务会议做出"引导部分普通本科高校向应用技术型高校转型"的战略部署，以产教融合发展为主题，共同探讨"部分地方本科高校转型发展"和"中国特色应用技术大学建设之路"。我们愿意成为这一改革的积极探索者和实践者。

我们深知所承担的使命与责任。

教育是民族振兴、社会进步的基石。随着全球化进程的加速，各国经济、教育文化间相互关联也日益加强；中国正处在全面建成小康社会、加快转变经济发展方式、全面深化改革的关键时刻。信息化和工业化深度融合，农业现代化全面推进，文化创意和设计服务产业迅猛发展，科技型小微企业成为经济活力的重要源泉，新型城镇化战略全面启动，这一切的深刻变化，都要求高等教育向现代

15

生产服务一线提供既掌握现代科学技术知识又接受系统技能训练的应用型、复合型、创新型人才，特别是产业链高端的技术技能人才。

教育寄托着亿万家庭对美好生活的期盼。习近平总书记在阐述中国梦时指出：人民"期盼有更好的教育"，"期盼着孩子们能成长得更好、工作得更好、生活得更好"。让青年人有更好的未来，使高校毕业生更好地走向社会，是高等教育最朴素和最基本的职责。高等教育体制和结构改革，必须聚焦到更好地服务青年就业上，推动高等学校人才培养与经济社会需求的紧密结合。

加快高等教育结构调整是国家的需要、人民的期盼，也是高等教育发展的规律。中国已进入大众化高等教育阶段，2020 年高等教育毛入学率将达到 40%，《国家中长期教育改革和发展规划纲要（2010—2020 年）》提出：要建立高等教育分类管理体系，要加快建设现代职业教育体系，重点扩大应用型、复合型、技能型人才培养规模。中国的现代化建设不仅需要一大批拔尖创新人才，还需要数以亿计的技术技能人才，将科技进步的重大成果应用到生产、生活领域，推动产业转型升级和经济社会向前发展。大众化的高等教育，更需要加快先进技术的转移、应用和积累，把培养面向现代生产服务一线的高素质技术技能人才作为自己的主要任务之一。

应用技术型高校因时代而生，部分地方本科院校转型发展势在必行。发达国家高等教育的发展证明，注重实体经济的发展战略和不断深化的工业化进程，催生了应用技术大学。应用技术大学的快速发展，使大众化、普及化高等教育的发展路径更加清晰，为实体经济发展奠定了牢固的基础，青年就业得到了更好保障，社会更加稳定和公平，国家竞争力不断提升。

我们深知所面临的机遇与挑战。

李克强总理指出：发展现代职业教育是"促进转方式、调结构和民生改善的战略举措"。国家已经把建设应用技术型高校摆上了议事日程。基于实体经济发展需求，借鉴国外应用技术大学办学经验，服务国家技术技能创新积累，融入区域产业发展，建设中国特色的应用技术大学（学院），是构建从中职、专科、本科到专业学位研究生教育的技术技能人才培养体系的破冰之旅，是构建人才成长立交桥，打开一线劳动者成长空间的必由之路。

这更是一种挑战，是对我们办学思想和办学理念的挑战，是对学校治理结构和管理体制的挑战，是对人才培养模式和方法的挑战。我们必须清醒地认识到，构建现代职业教育体系，推进地方高校转型发展，建设中国特色应用技术大学（学院），注定是一个长期而艰巨的过程，必然会遇到许多问题、困难和挑战，需要政府、高校、行业企业和社会各界形成共识，凝聚合力，以更大的勇气、信心与决心，发新时期地方高校改革之先声，唱响产教融合主旋律，打好转型发展攻坚战。

我们期盼全社会的关注和支持。

我们期待国家加快部分地方本科高校转型发展的顶层设计，加快高校设置、评估、拨款和管理制度的改革，为转型发展创造良好的政策环境；期待各级政府加大政策创新力度，统筹规划区域产业转型升级和高校转型发展，推进校企合作，建立地方经济社会与高等教育发展共同体；呼吁扩大高等学校办学自主权，使高校自主地探索现代大学制度，面对经济社会发展需求和变化迅速做出决策；呼吁行业企业积极主动参与地方高校转型发展，共同建设技术技能人才培养体系和技术技能积累创新体系，在激烈的市场竞争中合作互赢、共同发展；希望得到更多兄弟院校的支持和帮助，共同面向产业转型升级，建立基础研究、科技创新、技术应用和产业化服务协同创新体系。

转型刚刚开始。我们要直面历史和现实，在困境中突围，在改革创新中发展。定位已经清楚，方向已经明确，但每一所学校都要走自己的路，拓展发展空间，加强国际合作与交流，实现多路径的突破和多样化的发展。我们坚信正在进行的探索和实践，是一场具有深远意义的改革。我们终将实现这样的愿景：因为我们的存在，社会更加美好；因为我们的进步，国家更加繁荣。我们的学生将站在先进技术转移、应用的前沿，充满创新创业的激情，在社会每一个领域的进步和繁荣中创造价值、做出贡献。

超越自我，赢得挑战，必将迎来中国教育事业更加灿烂的明天！

2. 地方层面

部分本科院校转型发展，在 2013 年年初已经启动，教育部规划司负责人表示，转型采取"示范引领，试点先行"方法，教育部首批确定 37 所院校作为试点，2013—2016 年完成试点工作，省级政府负责制定各自的具体改革进程。

2014 年 3 月，《关于地方本科高校转型发展的指导意见》（征求意见稿）发布后，各地纷纷响应，积极探索，一些地方政府已经行动起来。上海市建立了高校分类管理体系。河南省、山东省分别安排了本科高校转型发展专项经费 2 亿元、1 亿元。广东省专门设立了"示范性应用型本科高校建设工程"支持转型发展。时任重庆市教委副主任牟延林说，重庆市政府在 2014 年 4 月 11 日组建了由市直各部门共同参与的市属地方高校转型发展联盟，6 所院校进入教育部首批试点院校行列，有 4 所通过转型评审，2 所被延迟通过①。

据统计，截至 2014 年年底，已有 22 个省（自治区、直辖市）启动了地方本科高校转型发展改革工作，上海、重庆、河南等地已出台政策措施积极推动转型改革，一批高校在转型改革中已经取得了一定成绩②。这些都表明国家通过试点推动、示范引领，引导和推动地方本科高校尤其是新建本科院校，向应用技术类型高校转型发展的政策的强大导向作用。转型是变革性的、全方位的，需要转型高校在发展理念、思路、师资队伍、办学条件、学科专业结构、人才培养模式、教学评价等方面做出一系列改革与调整。

经过为期一年半的讨论，广泛征求各方意见，教育部、国家发展改革委、财政部三部委在 2015 年 10 月正式出台《关于引导部分地方普通本科高校向应用型转变的指导意见》，意味着转型工作正式吹响号角，向应用型进军。

截至 2018 年 4 月底，绝大部分省份 300 多所高校开展了转型改革试点工作③。现列出部分省份的做法。

浙江省：浙江省出台的方案力度最大，共有 41 所普通本科高校主动申请应用型建设，占全省普通高校总数的 80% 左右。

广西壮族自治区：广西出台的方案力度也很大，方案确定 19 所高校将纳入本科高校转型发展试点的遴选范围，其中包括 1999 年后"专升本"的广西财经学院、玉林师范学院、钦州学院（2018 年更名为北

---

① 董洪亮. 地方本科院校怎样转型［N］. 人民日报，2014-05-15（18）.
② 张维. 22 个省启动本科高校转型［EB/OL］. 新浪网. 2014-12-08.
③ 教育部发展规划司. 部分本科高校转型发展情况介绍［EB/OL］. 中华人民共和国教育部. 2018-4-27.

部湾大学）、南宁学院等 11 所新建本科院校；此外还有 8 所独立学院。

湖北省：湖北省有 18 所本科院校获批整体向应用技术型普通高校转型，约占省属本科高校总数的三成。另有 5 所高校的部分专业也获批试点转型发展。

河南省：河南省分两批共确定了 15 所高校参与试点。其中首批确定了 5 所本科学校作为试点学校，并于 2014 年 9 月对试点学校进行了中期评估，评估分优秀、良好和合格三个等级，其中黄淮学院为优秀，洛阳理工学院和许昌学院为良好，黄河科技学院和安阳工学院为合格。2014 年 9 月，在学校自愿申报、专家评审的基础上，又确定了 10 所试点学校。

江西省：2014 年，江西省教育厅启动了本科高校转型发展试点申报工作，经遴选，确定南昌航空大学、景德镇陶瓷学院、新余学院、华东交通大学理工学院等 10 所本科高校（省属本科高校 2 所、地方本科高校 3 所、民办本科高校 3 所、独立学院 2 所）作为首批转型发展试点院校。

河北省：河北省共确定了 10 所试点学校，分别为北华航天工业学院、河北科技师范学院、石家庄学院、保定学院、河北民族师范学院、河北大学工商学院、河北科技大学理工学院、河北传媒学院、燕京理工学院、河北外国语学院等。河北省财政将设立专项补助资金用于支持试点学校转型发展，有关涉及区市和民办高校也要安排不少于省级专项补助资金的额度，用于支持转型发展。

吉林省：根据吉林省教育厅公布的结果，吉林省将 9 所地方本科高校转型为以应用型为主的现代高校，试点高校名单已经公示。此外，还有 24 所本科高校的部分二级学院、专业集群也试点进行转型。

甘肃省：甘肃省将天水师范学院、兰州城市学院、河西学院、陇东学院、兰州工业学院、兰州文理学院6所本科院校和兰州交通大学博文学院、兰州理工大学技术工程学院2所独立学院列为首批转型发展试点院校。同时,支持其他省属本科院校根据各自实际和发展需要,在二级学院或专业(群)开展转型试点工作。

辽宁省:辽宁省出台《关于推动本科高校向应用型转变的实施意见》,提出将通过3年的努力,到2017年,除部委属院校外,全省培养应用型人才的专业占比达到70%左右,应用型人才年培养规模达到12万人左右。意见提出:2015年遴选大约10所高校(包括民办高校)、100个专业,先期开展学校转型和专业转型;2016年,推出一批应用型人才培养方案,选树一批省级转型发展示范高校和示范专业集群;到2017年,建成一批国家级和省级转型发展示范学校和专业集群,形成两级示范、辐射引领、全面带动的格局;到2020年,高等教育服务辽宁经济社会发展的能力显著增强。

重庆市:重庆市共有6所高校参与应用型高校转型试点。

四川省:四川省共确定西昌学院、四川传媒学院、西南交通大学希望学院3所高校实施"本科院校整体转型发展改革试点"。

湖南省:湖南省已确定湘南学院、湖南文理学院两所高校启动转型发展应用科学大学的试点。

上海市:上海市的方案没有确定完全转型高校的名单,但是确定了第一批上海市属高校应用型本科试点专业,共有16所高校的26个专业入选。

3. 民间层面

2013年6月28日,教育部在天津职业技术师范大学召开应用科学大学(学院)联盟成立大会。应用技术大学(学院)联盟是在教育部的指导下,由以应用技术大学类型为办学定位的地方高等学校发起成立的民间的、学术性机构和协作组织。

联盟各成员定位于应用技术型人才培养，服务地方和行业，密切与行业、企业的合作，为企业提供人才培养和技术服务支撑。

联盟致力于中国应用技术大学的建设与发展，为地方高等学校转型提供经验和借鉴，促进中国高等教育的分类管理，完善现代职业技术教育体系。

联盟为成员之间提供了学术研究与交流平台，共同研讨应用技术型人才培养，为各成员的规划与发展进行帮助和指导，建立应用技术大学的监督、检查、评估体系。

联盟作为校际协作组织，围绕建设应用技术大学的目标，促进成员之间的合作交流，推进联盟成员教育教学改革创新；促进联盟与社会各界的合作，建立产教融合和协同创新机制，推动地方高等学校更好地服务区域社会经济发展。

联盟在服务国家和区域经济发展等国家战略高度，围绕地方高校转型发展的基础性、全局性、综合性问题开展理论研究和实践探讨，开展业务咨询、业务培训和其他社会服务活动，为政府提出发展应用技术大学的政策和制度建议。

联盟在教育部指导下，与国外学术组织和机构开展合作、交流，推动国际合作。

（四）转型政策落地——转型政策的深化阶段

1. 发布《成都共识》

2016年10月28至30日，全国新建本科院校联席会议暨第十六次工作研讨会各项议程全部完成。会议吸引了来自全国29个省市自治区219所新建本科院校及海外高校的600余名代表参加。闭幕式上，会议发布了全国新建本科院校联盟《成都共识》。《成都共识》点明了本次会议的主题、意义，指出了新建地方本科院校当前面临的形势、机遇与挑战，进一步明确了新建本科院校的使命与责任，坚定了信心，发出了新建本科院校的共同心声，构建了共同理想，并郑重承诺："愿意成为转型发展的主角，愿意成为新建本科院校向应用型转变系列改革的积极倡导者、主动践行者和责任担当者，在不同地区、不同领域探索适合自身发展的转型之路，用我们的行动抒写转型发展新篇章！"

《成都共识》

我们，219 所全国新建本科院校于 2016 年 10 月 28—30 日在四川成都相聚，共同参加全国新建本科院校联席会议暨第十六次工作研讨会。

以创新发展、协同育人、质量保障为主题，深入研讨"新建本科院校在创新型国家建设中的使命与责任""高等教育普及化趋势下新建本科院校面临的机遇和挑战""'十三五'规划的编制与实施""新时期高等教育质量的标准与评价"等。

我们应当一以贯之坚持走培养应用型人才之路，结合自身实际，突出特色发展。

应用型人才的培养，需要改革传统人才培养模式，在充分遵循人才成长规律的基础上，努力实践，不断创新"政产学研用"合作机制，激发协同育人活力。

当前面临的形势

在国家实施创新驱动发展、"一带一路"、中国制造 2025、"互联网+"、大众创业万众创新等重大战略背景下，面对经济结构深度调整、行业产业结构优化升级，迫切需要一大批应用型人才，需要高等教育进行供给侧结构性改革。

2015年3月，政府工作报告提出"引导部分地方本科高校向应用型转变"；2015年10月，教育部、国家发展和改革委员会、财政部联合发文，要求引导部分地方普通本科高校向应用型转变；2016年3月，政府工作报告再次强调"推动具备条件的普通本科高校向应用型转变"。引导一批地方新建本科院校整体向应用型转变，不仅符合国家社会经济发展实际，也是中国高等教育战略发展的必然要求，更是新建本科院校可持续发展的根本举措。

机遇与挑战

新建地方本科院校作为我国本科教育的一支新生力量，为我国高等教育大众化以及区域经济发展做出了重要贡献。如何进一步立足地方、融入地方、根植地方、服务地方，是摆在我们面前亟待破解的难题，也是对我们办学理念、治理结构、发展方式以及人才培养模式的全面挑战。

我们必须清醒认识到，推进高校转型发展，建设有中国特色高水平应用型地方本科院校，注定是一项长期而艰巨的任务，必然会遇到许多问题、困难和挑战，需要政府、高校、行业企业和社会各界形成共识，凝聚合力，以更大的勇气、信心与决心，以更大的支持力度和政策保障，打好转型发展攻坚战。

我们应以应用型定位和应用型学科专业建设为发展新机遇，明确自身发展定位，发挥优势与特色。通过学科专业建设提升办学层次，服务国家和区域特殊需求，为开展专业硕士研究生教育打下坚实的基础。

使命与责任

培养大批高素质的应用型人才，满足经济社会发展的需要是我们的光荣使命。我们要将应用型人才培养、应用型科学研究、社会服务和文化传承创新四大职能整合起来，培养一大批既掌握现代科学技术知识，又接受系统技术技能训练的应用型、复合型、创新型人才，特别是服务产业链高端的应用型专门人才。

服务地方及行业经济社会发展，是学校的立足之本；产教融合、协同育人，是转型的必由之路；培养高素质应用型人才，是首要的职能；增强学生未来之能力，是基本的职责。以产教融合、校企合作为突破口，将行业、企业全方位深度参与作为转型发展的路径和推动力，努力融合全社会之力，创新产学研合作育人新机制。

期待与协同

期待国家持续跟进转型配套政策的制定和机制的完善，加快部分地方本科高校转型发展的顶层设计，进一步扩大转型高校办学自主权，加快高校管理、拨款、设置、评估等方面改革，为转型发展创造良好的政策环境。

期待各级政府部门积极引导和精确施策，加大政策创新力度，统筹规划区域产业转型升级和高校转型发展，推动"政产学研用"有效融合。

期待行业、企业充分理解并积极参与，主动融入地方高校转型发展，协同培养国家急需之才。

期望得到更多兄弟院校的鼎力相助与全力协同，共同面向产业转型升级，建立应用研究、科技创新、技术应用和产业化服务创新体系。

信心与承诺

转型发展的动力来自创新，转型发展的活力来自改革。我们有信心有决心在困境中突围，在改革创新中发展，把办学思路真正转

25

到服务地方经济社会发展上来，转到产教融合、校企合作上来，转到培养应用型技术技能人才上来，转到增强学生创新创业能力上来。

我们坚信正在进行的探索和实践，是一场具有深远意义的重大变革。我们终将实现这样的愿景：因为有我们的参与和努力，高等教育体系更加完善、结构更加合理，人才层次更加丰富，社会多样性需求得到更好满足。

我们承诺，愿意成为转型发展的主角，愿意成为新建本科院校向应用型转变系列改革的积极倡导者、主动践行者和责任担当者，在不同地区、不同领域探索适合自身发展的转型之路，用我们的行动抒写转型发展新篇章！

自 2015 年教育部、国家发展改革委、财政部联合发布《关于引导部分地方普通本科高校向应用型转变的指导意见》以来，27 个省（自治区、直辖市）在本区域逐步开展了转型试点推动工作，约有 520 所地方普通本科高校参与了转型试点工作。试点高校数占 2020 年全国本科高校总数（1272 所）的 40.9%，涵盖在校学生人数约 630 万，约占全国地方本科高等学校全部在校生人数的 36%。截至 2020 年年底，大部分试点高校已经接受了不同形式的转型验收与评估。至此，我国首轮应用试点高校的转型工作基本完成。按照试点先行、示范引领，试点一批、带动一片，充分发挥试点高校示范引领作用，带动更多地方高校加快转型步伐，推动高等教育改革和现代职业教育体系建设不断取得新进展的思路和要求，这些完成转型试点的高校，其转型的成败得失亟须进行系统性总结、提炼和推广，形成中国智慧、中国方案、中国特色。

第二节　国内外高校转型研究现状

　　根据地方本科院校应用转型的历程，若从关键节点出台的文件作为分水岭，大致可以将地方本科高校转型发展划分为酝酿探索期、转型试点期和转型提高期三个阶段。地方本科院校转型发展研究自 1999 年升本以来，围绕学校定位、应用型人才培养展开自发讨论，在教育部2014 年 3 月发布《关于地方本科高校转型发展的指导意见（征求意见稿）》之前，可称之为酝酿探索期。该意见稿的发布引起广大地方本科高校思想大讨论，经过一年的讨论修订，2015 年 10 月，教育部、国家发展改革委、财政部正式联合发布《关于引导部分地方普通本科高校向应用型转变的指导意见》（教发〔2015〕7 号），表明我国地方本科高校转型发展的序幕正式拉开，到 2016 年已经有 20 多个省区市 300所高校作为试点，直到 2020 年第一轮试点结束，可以称为转型试点期。从 2021 年开始，我国各地在总结第一轮转型试点经验的基础上，又推动开展了第二轮的转型试点，这个阶段因为正是我国进入高质量发展时期，可以称为转型提高期。因为在转型政策的引导下，掀起了研究的热潮，最近十年的研究文献数量多、有深度、有厚度、层次性强，对本研究最具有参考价值，因此，本研究主要选取最近十年的文献。通过中国知网，以"院校""高校""转型""治理"作为关键词，以篇名作为检索词，共得 43 篇文献，近十年为 26 篇。其中，有效期刊论文 30 篇，硕士论文 1 篇。主要包括高校内部治理、治理结构、治理环境、治理模式等方面。通过网络书店搜索，2011 年以来出版专门针对本科院校转型的著作有 10 余部（王玉丰：《中国新建本科院校转型发展研究》，

2011 年；顾永安：《新建本科院校转型发展论》，2012 年；梅友松、黄红英：《地方高校转型发展》，2015 年；刘汉成：《地方本科院校转型发展的实践探索》，2015 年；邵光华，晏成步，徐建平：《地方本科高校转型发展研究》，2017 年；邓泽民，董慧超：《德国应用科学大学研究》，2017 年；王军胜：《地方高校转型发展与创新》，2019 年；夏季亭，帅相志：《教育现代化与地方高校转型发展研究》，2019 年；卢伟：《地方本科高校转型发展》，2020 年；陈松：《创新创业型地方高校转型与发展路径研究》，2020 年；陶春元：《地方新建本科高校的双重转型之路》，2020 年）。这些文献的出版为本研究的顺利开展奠定了丰厚的研究基础，本研究将在这些研究的基础上，从地方高校转型发展治理的视角进一步探索。

一、国内研究现状

近十年，关于国家引导地方本科院校转型发展问题，专家学者进行了许多有益的探索和思考，从为什么转、转什么、怎么转等多个方面表达了各自的看法。但是对学校转型治理问题的研究偏少。综合已有文献，主要包括外部治理和内部治理两个方面。

（一）地方高校转型外部治理

关于本科院校转型外部治理可概括为六个方面：加强宣传引导；做好顶层规划设计；制定配套政策法规；加大经费投入；做好监督评估；营造市场环境。

加强转型的宣传教育受到学者们的一致认同。应用技术大学（学院）联盟理事长孟庆国等人认为，应当加强对应用技术大学改革发展成效的宣传力度，为其发展创设良好的社会氛围①。郑州科技学院党委书记岳修峰认为，要通过各种途径宣传建设应用技术型高校的意义，强调应用技术型人才的价值，形成全社会尊重知识、尊重技术的良好社会氛围②。

做好规划与顶层设计是政府推动转型至关重要的一步，原教育部学校发展规划中心主任陈锋认为，要把转型发展放在整个高等教育改革背景下进行规划，使高等教育形成合理的结构和科学的发展机制，使每一所高校都有明确的定位、责任、使命和发展空间③。中国教育学会会长钟秉林等人认为，转型发展中政府的责任体现在三个方面，首要的是对转型发展进行顶层设计，通过制定政策和规划引导转型发展④。浙江省现代职业教育研究中心负责人邵建东认为，各级政府应根据《国务院关于加快发展现代职业教育的决定》《现代职业教育体系建设规划（2014—2020 年）》和《高等职业教育创新发展行动计划（2015—2018年）》等相关精神要求，综合考虑办学基础、区域布局和专业特色等，合理布局、统筹谋划应用技术大学建设发展战略⑤。

转型政策是学界讨论的热点，大家一致认为，加快制定配套政策和法规是转型发展的当务之急。钟秉林等人认为，推进立法，为转型发展提供法律保障和约束监督。要尽快完成《职业教育法》的修订工作，

---

① 孟庆国，曹晔. 地方高校转型发展：路径选择与内涵建设 [J] 职业技术教育，2013（8）：68-71.

② 岳修峰. 高校转型发展态势问题及应对——以河南省高校为例 [J]. 人民论坛，2016（23）：42-43.

③ 陈锋. 关于部分普通本科高校转型发展的若干问题思考 [J]. 中国高等教育，2014（12）：16-20.

④ 钟秉林，王新凤. 我国地方普通本科院校转型发展实践路径探析 [J]. 高等教育研究，2016（10）：19-24.

⑤ 邵建东. 我国应用技术大学建设：挑战与推进策略 [J]. 教育研究，2018（2）：75-79，94.

明确职业教育的法律地位和体系架构等关键问题。同时制定《校企合作促进办法》，鼓励地方制定校企合作相关法规制度和配套政策。此外，还要完善就业政策和用人机制，改革教师聘任、绩效考核和薪酬制度等①。西昌学院前校长夏明忠认为，政府要为企业行业参与合作育人提供法律、法规、政策机制保障，明确企业参与人才培养的社会责任②。李柱朋在硕士论文中分析了政府政策运行和内容存在的不足，认为政府制定政策要有序合法，政策要明确转型的方向目标，丰富校企合作政策内容，优化考试招生制度改革内容，完善"双师型"教师队伍建设政策内容，细化物资投入及管理政策内容，优化转型的评估政策内容，建立政府、企业、高校多方主体共同参与的多元化评价机制③。

学者们普遍认为设立转型资金，加大经费投入是转型发展的必要保障。夏明忠认为，转型发展特别强调实践教学，硬件条件要求高，培养成本必然高于其他类型高校。各级政府要对转型试点院校设置转型发展专项资金，按学校类型确定财政拨款标准，制定法律法规鼓励和支持行业企业参与高等教育。胡岸认为，政府应出台《地方本科院校转型发展的专项经费管理办法》，对试点转型高校给予针对性专项经费支持，还可以通过设立某些科研基金项目，给予院校以及参与院校科研的企业一定的资金支持④。刘峥和朱丽认为，转型发展要建立经费投入机制，在当前政府单方投入的基础上构建多渠道经费投入机制，即地方本科高

---

① 钟秉林，王新凤. 我国地方普通本科院校转型发展实践路径探析 [J]. 高等教育研究，2016（10）：19-24.

② 夏明忠. 新建地方本科院校转型发展的对策及实践——以四川省西昌学院为例 [N]. 中国教育报，2015-11-09（007）.

③ 李柱朋. 地方本科高校向应用技术型高校转型政策的研究——基于政策文本的分析 [D]. 烟台：鲁东大学，2017：30-35.

④ 胡岸. 地方本科院校应用型转型的政策支撑体系建设 [J]. 安徽文学（下半月），2017（4）：149-151.

校以政府投资（事业收入）为保障，以产业企业科研项目合作投入为驱动，以高校自身科研成果转化、社会服务收入为补充的多渠道经费投入机制①。

学者们认为，政府要转变对高校的管理方式，要从"划桨者"转变为"掌舵者"，更多使用监督、评价等间接性方式确保转型质量。教育部高教司前任司长张大良撰文指出，地方本科高校转型发展，地方承担主要责任。要建立以支撑力和贡献率为导向的综合评价体系，指导转型高校加强自我评估，健全校内质量保障体系，完善本科教学基本状态数据库，建立本科教学质量、毕业生就业质量年度报告发布制度，自觉接受社会监督。改进转型高校科研评价办法，形成重在质量、崇尚创新、社会参与的评价方式，建立以科研成果创造性、实用性以及科研对人才培养贡献度为导向的评价激励机制②。庞海燕认为，地方政府要实行转型发展任务清单制，细化具体时间表和路线图，组织开展地方本科院校转型发展成效评估，多形式、不定期对试点高校、二级学院和专业进行专项检查。要根据地方本科院校的办学定位和人才培养目标定位，逐步构建并完善相关评估评价制度，建立以社会和市场评价为主的、行业（企业）和用人单位等有关各方共同参与的应用型人才培养质量评价体系③。

研究者还认为，政府应该为地方本科院校转型发展营造一个良性发展环境，激发转型活力和动力。华中科技大学博士生导师张应强教授认

---

① 刘峥，朱丽. 产教融合背景下地方本科高校转型发展研究 [J]. 淮海工学院学报（人文社会科学版），2018（7）：122-126.

② 张大良. 把握"学校主体、地方主责"工作定位 积极引导部分地方本科高校转型发展 [J]. 中国高等教育，2015（10）：23-29.

③ 庞海燕. 从主责角度谈引导地方本科院校转型发展 [J]. 金陵科技学院学报（社会科学版），2017（1）：74-78.

为，政府应该利用转型这一政策契机，顺势将地方本科院校引导到市场竞争轨道中，为其营造公平竞争的市场竞争环境，改变地方高校对政府过多依赖，政府对高校过度干预，高校与社会的关系僵硬，对社会需要和市场变化反应不灵敏、适应能力不强等问题①。张兄武、许庆豫等人认为，在制度建设上，政府和社会要给应用技术院校毕业生提供足够的发展空间，要消除对应用技术院校毕业生就业、发展的政策性歧视，为应用技术型高校的发展创造一个良好的社会环境和制度环境②。胡程则认为，政府要积极主动地为地方高校转型营造良好的发展环境，切实扩大地方本科高校办学自主权，加大对学校的投入力度，加强对地方本科高校办学体制改革的支持力度③。

此外，还有个别学者对转型做出善意提醒，认为地方本科高校转型不能仅仅体现在政府文件上，也不是对高校角色进行政策性的重新定义，转型不是政府说、高校演的"双簧"，也不是高校自导自演的"独角戏"④，更不应该是政府一厢情愿的事，应充分尊重学校自身的意愿⑤。最终形成政府主导、学校主体、企业支持、社会参与的良好转型局面。

（二）地方转型高校内部治理

在转型高校内部治理上，学者们主要论述的焦点集中在内部治理问

① 张应强. 从政府与大学的关系看地方本科高校转型发展 [J]. 江苏高教，2014（6）：6-10.
② 张兄武，许庆豫. 关于地方本科院校转型发展的思考 [J]. 中国高教研究，2014（10）：93-97.
③ 胡程. 地方本科高校转型发展的内在逻辑与价值诉求 [J]. 池州学院学报，2015（2）：139-141，144.
④ 柳友荣. 转型不是高校自导自演的"独角戏" [N]. 中国教育报，2015-06-19（001）.
⑤ 熊丙奇. 地方本科院校转型，别是政府部门一厢情愿 [N]. 中国青年报，2014-03-31（011）.

题及分析、内部治理的对策建议两个大的方面。

在内部治理问题上，主要表现为学校的领导体制、管理体制、党政关系、行政权和学术权的关系、师生员工的民主参与权等方面。王者鹤从高等教育治理现代化的视角出发，认为新建地方本科院校转型发展的现实困境主要表现为观念阻滞转型、专业建设与地方产业发展脱节、人才培养模式僵化、"双师型"师资严重匮乏和产学研合作教育虚化五个方面问题①。袁潇从校企合作角度出发，认为地方高校转型在治理结构上面临着行业企业与地方高校在治理结构中权责不分、行业企业参与地方高校管理的尺度存在争议、缺乏行业企业参与地方高校管理的权力制衡机制三个问题②。于舒从宏观角度出发，认为我国高校内部治理结构各主体行使权力存在交叉失衡和现行的高校内部治理结构层级过多效率偏低两个方面问题，前者主要表现为部分高校党政不分、职责不清，学术权力受到行政权力干扰甚至行政化，后者主要表现为学校、院和系各主体之间职责、权限分配还不尽合理，一些事务的决策过程过于烦琐等③。张彦群认为除了校企合作渠道不畅外，转型高校还普遍存在行政化、官僚化现象和基层执行力不足、监督权严重弱化以及民主管理发挥有限等情况④。

针对上述问题，刘颂较早从民办高校治理角度出发，认为路径依赖理论是产生上述问题的主要原因，即制度一旦被锁定在无效率的状态，

---

① 王者鹤. 新建地方本科院校转型发展的困境与对策研究——基于高等教育治理现代化的视角［J］. 中国高教研究，2015（4）：53-59.

② 袁潇. 地方高校向应用技术型高校转型中的治理结构［J］. 现代教育管理，2015（6）：12-15.

③ 于舒. 论转型高校内部治理结构的创新［J］. 高教学刊，2017（12）：122-123，125.

④ 张彦群. 新建本科院校的转型发展与内部治理结构改革［J］. 天中学刊，2017（6）：138-142.

便会产生路径依赖，进而会将治理结构锁定在无效率状态①。周赣琛、王梓林以高职院校为例，认为产生上述问题的原因主要有三个方面：一是脱离特定大学制度的支撑；二是传统官本位的思想观念；三是高校管理行政化②。钱军平、彭寿清从思想观念、体制机制、经济需求、师资队伍、人力资源等方面做出了系统分析，他们认为与应用技术大学内涵发展错位的承袭、模仿、升级的办学理念没有改变，依循教育规律自主独立办学与大学治理实际中行政干预的矛盾仍未解决，产业结构升级带来人才核心竞争力的转向还未得到高校积极回应，基于应用型人才培养的师资队伍任重道远，基于绩效考核与退出机制的人力资源配置尚未实质生效③。

在对策建议方面，有的学者从路径选择上提出了全面治理、局部治理、合作治理三种模式。全面治理模式，即从思想、体制、制度设计等方面进行脱胎换骨的转变；局部治理模式，即校内试点改革，授权有基础、有意愿的二级学院做试点转型；共同治理模式，即高校与企事业单位联合成立合作教育机构，从资金、师资、管理、人才培养、课程设置等方面进行共同协商，合作治理④。有的学者从二级学院角度出发，认为从"管理"到"治理"的转变一是需要观念的转变，要明确"治理"是全部利益相关者在协调的基础上，自己制定规则并自愿执行的过程；二是需要平台构建与运行，主要包括改革权力结构，在管理主体

---

① 刘颂. 中国民办高校治理结构的转型困境分析 [J]. 复旦教育论坛，2008（2）：61-65.

② 周赣琛，王梓林. 转型与变革：中国高职院校治理结构研究 [J] 黄冈职业技术学院学报，2012（5）：24-27.

③ 钱军平，彭寿清. 建地方本科院校转型发展与内部治理体系对接的路径设计——基于组织发展理论的视角 [J]. 现代教育管理，2015（6）：6-11.

④ 盛正发. 新建本科院校转型治理模式研究 [J]. 当代教育论坛，2016（5）：1-6.

上，党、政、教、学都是权力的中心，形成一种多元化的权力结构，明晰党务和用人权、行政执事权、专业治学权、学生自治权等权力界限。构建协商机制，建立治理主体协商平台，建立稳定有序、科学有效的协商制度，发挥一般教师和学生在院系事务决策和运行过程中的监督、评议和保障作用以及各个权力机构、权力组织之间的平等自愿协作、上下左右互动，实现"善治"的最高理想，实现治理主体关系的螺旋上升①。还有的学者从主体性视角出发，提出转型高校内部治理结构优化的路径选择，即治理理念从管理转向治理、治理体系从传统转向现代、治理能力从弱小转向强大、治理重点从治教转向治学、治理效果从量变转向质变五个方面②。

此外，有学者从完善党委领导下的校长负责制，建立新型理事会（董事会）制度，完善大学章程，建立新型专业建设指导委员会等机构，积极参与新型现代职业教育集团建设，探索新型应用技术大学管理与服务制度体系建设等方面提出了治理策略③，这些策略和转型政策与高校内部治理文件比较符合。

综上所述，当前地方转型本科高校面临着政府、高校和社会三方面的关系协调共治问题，突出表现为高校与政府、高校与企业的关系处理上。在高校与政府之间的关系上，主要矛盾是政府的角色定位和制度设计，如何向转型高校下放权力，高校如何使用好治理权力而不走样、不走偏。高校与企业的关系主要问题是由于高校办学治校的封闭性以及相

---

① 韦希. 从"管理"到"治理"：高校院系运行机制的转型与重构［J］. 重庆高教研究，2017（5）：88-94.

② 徐正林. 转型高校内部治理结构优化的路径选择——主体性视角［J］. 成都中医药大学学报（教育科学版），2018（1）：95-98.

③ 张彦群. 新建本科院校的转型发展与内部治理结构改革［J］. 天中学刊，2017（6）：138-142.

关政策壁垒造成企业不愿、不能、不敢真正与高校开展实质性的深度合作。应该说，上述问题都是造成我国地方本科高校转型形式化、成效不明显的根本原因。

二、国外研究现状

地方本科院校转型发展是我国为适应经济结构转型升级、高等教育结构调整和提高毕业生就业质量，由国家引导推动的一场高校改革运动，同时是努力向国外学习借鉴并融入中国元素的结果。国外，尤其是欧美发达国家，在 20 世纪 60 年代或更早时期，同样也经历过我们今天的经济发展阶段，这些国家政府当时也曾运用不同的手段对高等教育结构进行了调整。纵观研究国外高等教育结构的相关文献可以发现，欧美国家在本国应用技术类型院校发展中主要通过立法、资助、评估等手段进行治理。

（一）通过制定系列法规，确保应用技术类型高校的地位

德国在二战后，很快成为世界第三大经济体。20 世纪 60 年代后期，德国面临青年人数增加、科技迅速发展、产业升级加快、现有大学培养的人才不能满足用人单位需求等问题。为解决这种人才供需矛盾，1968 年 10 月，德国政府与各州根据《联邦共和国各州统一专科学校的规定》签署了共同建立应用科学大学的协议，将工程师学校、工业设计高级专科学校、社会公共事业专科学校、经济高级专科学校等学校进行合并改制，升格为应用科学大学。在 1976 年，德国颁布了《高等教育总纲法》，正式明确了应用科学大学作为高等教育机构的法定地位①。之后，德国又根据需要先后四次修订该法，从而推动德国高等职业教育

---

① 邓泽民，董慧超. 德国应用科学大学研究 ［M］. 北京：科学出版社，2017：5-6.

逐步走向健康发展的轨道。在办学思路上，德国应用科学大学被定位为与综合大学（University）具有同等价值的高等教育①。德国应用科学大学的发展为德国培养了三分之二的工程师，成为工程师的摇篮，对德国的经济腾飞功不可没。

20世纪90年代，瑞士政府深刻认识到，要想使国家长期保持高水平创新力和竞争力，必须依靠教育培养大批有实践能力、创造能力和管理能力的高等应用型技术人才，而传统普通大学培养的人才不能够满足瑞士经济结构升级的需要。在这种背景下，瑞士政府开始对高等教育进行改革。1995年10月6日，瑞士政府颁布了《应用科技大学联邦法》，明确提出建立应用科技大学，从而以立法的形式为应用科技大学的建立提供了法律依据。该法对应用科技大学的定位、管理，甚至课程都有严格的规定，确保学校定位明确，特色鲜明②。此外，美国的赠地学院、芬兰的应用技术大学等无不是在国家立法（《毛雷尔法案》《多科技术学院法》）的保障下获得长足发展的。

（二）政府通过经费资助方式，获得对应用技术型大学的控制权

美国是世界上典型的采用分权制高等教育管理模式的国家，美国政府不直接管理高校，主要采用立法、资助、统计等宏观手段，对高校进行间接影响。美国在高等教育发展过程中，尽管市场的力量非常强大，但政府的监控功能并不因为市场对教育的介入而有所减弱。美国加利福尼亚大学伯克利分校校长克拉克·克尔（Clark Kerr）认为，美国联邦政府对高校投入资金最大的三个动议分别是19世纪60年代掀起赠地学

---

① 张翠琴，周谊. 德国应用科技大学（FH）探析及启示［J］. 民办高等教育研究，2007（4）：65-68.

② 杨刚要. 瑞士应用科技大学办学特色及对地方本科高校转型发展的启示［J］. 黄河科技大学学报，2014（5）：89-92.

院运动、第二次世界大战期间依靠大学进行基础研究和应用研究的决议和二战以后的《退伍军人权利法案》（Servicemen's Readjustment Act of 1944，又称 G. I. Bill）。这三次动议为公立大学提供了巨额资助，比其他任何政策动议对于美国高等教育体系发展所产生的影响都要大得多①。当前美国政府由于经济低迷，降低了对公立高校的资助，但是更加注重提升学校质量的拨款，开始实行绩效拨款制度。主要从学生的毕业率，社区学院学生转移率，学位授予率，低收入家庭学生学位授予率，课程完成情况，学生学位和其他证书的获得情况等方面进行绩效考核②。如加州政府决定提高加州大学和加州州立大学四年周期内（2013—2014 年到 2016—2017 年）一般拨款预算的 20%。其中 10% 的增长取决于大学绩效指标的完成情况③。

英国政府在 1919 年成立大学拨款委员会（UGC），专门负责各大学的经常费、科研费以及其他财政资助，对大学实行间接的影响④。之后经过多次改革，拨款委员会的中立性职责逐渐向政府一边靠拢，成为政府影响和控制大学发展的重要工具。

（三）政府发挥第三方力量，促进应用技术型大学办学活力和健康发展

在治理理论的影响下，各国政府逐渐认识到市场在资源配置中具有

①　KERR C. Expanding Access and Changing Missions：The Fedural Role in U. S. Higher Education ［J］. The Educational Record；Washington Vol. 75, Iss. 4, (Fall 1994)：27.

②　Janice Nahra Friedel, Zoe Mercedes Thornton, Mark M. D'Amico, et al. Performance-Based Funding：The National Landscape ［R］. The University of Alabama, Education Policy Center, 2013：14.

③　MUPPHY P, COOK K, JOHNSON H, et al. Higher Education in California：Performance Budgeting ［R］. Public Policy Institute of California, 2014：2.

④　李文兵. 欧洲大学与政府关系的历史考察——以法国和英国为例 ［J］. 煤炭高等教育，2015 (4)：52-56.

不可替代的作用，于是纷纷采用市场的力量，对大学开展各种形式的教育质量评估和科研基金资助。20 世纪 90 年代以来，面对经济增长缓慢，德国对高校财政实施改革，引入"第三方经费"，即政府和学校以外的渠道——企业或基金会提供的经费。该项经费一般能占到高校总经费的 12%到 16%①。可见，第三方经费的分量举足轻重。由于应用科学大学拥有硕士学位授予权，并开始争取博士学位授予权，学校注重并加强了应用研究的力度，近些年，应用科学大学教授获得的第三方经费呈稳步增长趋势，事实上，第三方经费已经占到了德国应用科学大学教授科研经费的近 40%②。

除引用第三方经费之外，德国政府不直接组织对应用科学大学的质量认证评估，通常授权独立于教育主管部门和高校的第三方专门机构，这些认证机构均有严格的标准化质量认证体系，认证过程非常严格。整个认证过程包括学校根据评估种类挑选评估认证机构，并与其签订评估认证合同，向评估认证机构递交申请评估认证的专业报告，评估认证机构委派校外专家委员会审议文件，通过现场评估、各层次人员访谈、查阅相关资料等，提出认证是否通过的初步建议，学校可以对建议发表自己的意见或进行说明，最后，评估认证专家委员会正式表决认证结果。正是有这样的一种质量观念，应用科学大学才获得了"是通过最严格的评估认证机构评估认证的，并且获得较高等级的学校"的美誉③。

为保证大学教学质量，英国效仿拨款委员会，于 1997 年 3 月 27 日

---

① 范文曜，马陆亭. 国际视角下的高等教育质量评估与财政拨款［M］. 北京：教育科学出版社，2004：70.

② Federal statistics office. Expenditure on education and culture［EB/OL］. DESTATIS. 2018-5-10.

③ 杨荣. 德国"双轨制"应用科技大学对中国高等教育的借鉴意义［J］. 河池学院学报，2014（4）：75-80.

成立了高等教育质量保证署（QAA），其目的在于形成统一的高等教育质量保障标准运作模式，保证高等教育评估活动在时间安排、审核所需的书面资料和人员安排任用方面形成一轨，尽可能地减少高等教育审核与评估所需的人力和物力的消耗。①

综上所述，国外，尤其是欧美发达国家政府，在应用技术型高校的发展中较好地理顺了政府—高校之间的关系，政府充当的是"有限政府"角色，高校独立自主办学，政府主要运用间接的管理手段和市场的作用，对高校实行管理，有效地激发了应用技术型院校的办学主动性，释放了办学活力，这些都是我们当前应该认真学习借鉴的地方。

三、研究内容与方法

本研究共分四篇十一章，各篇章的内容概括如下。

第一篇 地方本科高校转型背景与理论基础，分两章进行论述。

第一章 地方本科高校转型的背景与现状。

本章主要介绍研究背景、研究意义、国内外研究现状、研究内容和研究方法。旨在提出问题、梳理现状，明确框架。

第二章 地方本科高校转型发展相关概念与理论基础。

本章主要明确地方政府、地方本科高校、地方本科高校转型发展和治理等基本概念内涵，介绍高校职能理论、生命周期理论、三重螺旋理论等转型治理理论依据。

第二篇 地方本科高校转型发展外部治理，分三章进行论述。

第三章 地方政府在高校转型发展治理中的角色与行动。

本章阐述地方政府在地方本科高校转型发展中宣传引导、规划设

---

① 杨继霞. 英国高等教育质量保障体系的发展历程及思考［J］. 国家教育行政学院学报，2005（8）：91-94.

计、法规制定、经费保障、监督评估等主要职责。旨在界定关键概念，明确理论基础和地方政府的作用及推进本科院校转型发展的实践。本章从学科专业、人才培养、科学研究和社会服务角度介绍了衡水市本科院校概况，并从实践层面介绍衡水市在支持地方本科院校转型发展中的举措。

第四章 地方政府在高校转型治理中的问题与对策。

根据访谈和调查，本章从衡水市政府对转型发展的宣传、政策支持、校企师资员工交流、经费投入的长效机制以及对学校的管理等方面分析存在的问题，从地方政府管理与教育观念、城市经济基础以及政府推动力度等层面进行成因分析探讨，旨在提出改进对策。

第五章 企业参与高校转型治理的问题与对策。本章主要从《转型意见》对企业参与的内在要求的基础上，论述了企业参与高校转型治理存在的问题，并从国外产学研合作经验视角，提出了校企合作的路径。

第三篇 地方本科高校转型发展内部治理，分三章进行论述。

第六章 地方本科高校转型治理结构问题与对策。

本章主要从治理结构角度，主要分析了党、政、学等权力结构之间存在的矛盾和问题及其产生的理论和现实原因，从依法治校角度，提出了治理优化对策。

第七章 地方本科高校转型治理能力问题与对策。

本章主要从治理能力角度，从学校机构职能、制度建设方面分析了存在的治理问题，根据多角度原因分析，提出以章程为统领开展制度建设，科学设编配岗，加强工作考核和制度监督，提升治理效能。

第八章 地方本科高校转型治理其他问题与对策。

本章从师资队伍、专业建设和课程教材建设三个方面分析了地方高校转型发展中存在的突出问题，重点从加强"双师型"队伍建设，优化专业结构以及开展应用型课程教材开发角度提出了破解问题的对策。

第四篇　比较与展望，分三章进行论述。

第九章　德国应用科学大学治理状况。

本章从比较研究的视角，全面介绍了德国应用科学大学的办学定位、师资、专业、课程、教学、科研及管理等方面情况，旨在洋为中用，为地方高校转型发展治理提供样板参考。

第十章　德国应用科学大学相关方的责任关系及启示。

本章在第九章的基础上，深入梳理了德国应用科学大学治理经验，分析了德国政府、应用科学大学和企业三方之间的角色和关系，为我国地方高校转型发展治理提供有益参考。

第十一章　地方本科高校转型治理成效与模式。

本章从国内视角，以三所河北省首轮转型试点高校为例，定性和定量分析了五年来取得的转型发展治理成效和经验，并在此基础上，系统阐述并分析了产业学院这一转型发展治理新模式的产生背景、含义，存在问题及对策，旨在展望点高校转型治理新动向。

结语对本书的研究进行总结概括，阐释本研究的实用价值，明确不足之处，提出努力的方向。

四、研究方法

1. 文献研究法

文献研究法是对文献进行查阅、分析、整理并力图找寻事物本质属性的研究方法。本研究广泛搜集和整理相关研究的政策和文献，主要包括国家和地方近几年颁发的有关地方本科院校转型发展的政策和法规，领导讲话，专家学者发表和出版的报刊论文、专著等文献资料，对文献中的政策倾向、主要观点、关键数据和典型事例进行分类整理，为本研究奠定坚实的文献基础。

2. 比较研究法

比较研究法是根据一定的标准，对两个或两个以上有联系的事物进行考察，寻找其异同点，探求事物发展规律的方法。本研究主要从国内转型试点院校的经验和欧美发达国家应用技术型院校发展经验两个角度开展比较研究，旨在概括分析它们的成功做法和发展经验，达到学习借鉴、洋为中用的目的。

3. 调查研究法

调查研究法是应用访谈、问卷等方式收集资料、探究事物发展规律的研究方法。调查研究法根据调查对象的多少可以分为全面调查法、抽样调查法和个案调查法，从调查凭借的工具或形式上又可分为问卷调查法和访谈法。本研究主要采用访谈调查法，并辅之以问卷法，深入搜集整理衡水地方本科院校转型发展的相关材料，明确存在的问题，提出解决对策。

3.1 问卷法 根据转型发展文献资料，编制转型发展问题调查问卷，以衡水市唯一本科院校衡水学院为调查对象，在学校相关部门的协助下，利用该校周四下午全体教师开例会时间，对该校十七个系（部）的所有教师进行调查，发放问卷 600 份，回收问卷 534 份，回收率 89%，有效问卷 456 份，有效率 85.4%。

3.2 访谈法 为深入了解地方本科院校转型发展的实际情况，我们深入衡水学院教务处、人事处、科研处、财务处和教育教学质量监控与评估中心等相关部门，对部门的相关负责人进行了访谈，从学校角度了解转型存在的问题及衡水市政府对学校给予的政策支持等信息。因访谈中有比较敏感性的问题，故隐去被访谈人的姓名。

第二章　地方本科高校转型发展相关
概念与理论基础

概念是理论的基石和研究的逻辑起点。地方本科高校转型治理既是一个复杂的理论研究问题，也是一个不断探索的实践课题，要想明白地方本科高校转型治理的内在逻辑，其中需要明确地方政府、地方本科高校、治理等相关概念及高等教育规律等相关理论基础。

第一节　地方本科高校转型治理相关概念

一、地方政府

"政府"在《现代汉语词典》中解释为："国家权力机关的执行机关，即国家行政机关，例如我国的国务院（中央人民政府）和地方各级人民政府。"① 杨光斌在《政治学原理》中认为，政府是政治行为主体之一，是制定和执行政策的机构，是国家的组织要素或政治机器，是

---

① 中国社会科学院语言研究所词典编辑室. 现代汉语词典（第5版）［M］. 北京：商务印书馆，2005：1741.

体现、达到国家目的和行政、表现、执行、解释国家意志的机关。在广义上指中央和地方的全部立法、行政、司法和官僚机关，狭义的政府机构仅指中央和地方的行政官僚机关。① 根据上述定义，本文采用第一种解释的分类，采用第二种广义解释的内容，将地方政府界定为：由国家赋权，行使各省（直辖市、自治区）及其所辖各市（州）全部立法、行政、司法和官僚的各级权力机关。主要包括省市县人大、政府、司法及其所辖职能部门等。

二、地方本科高校

在我国高等教育体系中，高等教育主要分为专科、本科和研究生层面的高校，许多本科高校内设研究生处（院），培养硕士、博士层面的人才，一般对外也称为本科院校。根据其行政隶属关系通常被划分为两类：一是中央部属院校；二是地方院校。地方本科院校是指中央部属院校以外的，由省（自治区、直辖市）级人民政府负责管理的各类普通高校的总称。② 在这些地方本科高校中，其主体主要是新建本科院校。新建本科院校是1999年以来，为适应高等学校扩招政策，经由教育部正式批准，由专科学校通过多校合并、独立升格、成人院校转制等方式组建而成的具有高等学历教育招生资格的普通本科高等学校。③ 截至2020年6月，我国各类新建本科院校共有731所，占所有本科院校的57.47%，是转型高校的主力军。教育部高教司时任司长张大良曾撰文指出，从目前地方本科高校的格局来看，部分地方本科高校，尤其是办

---

① 杨光斌. 政治学原理 [M]. 北京：中国人民大学出版社，1998：143，172，173.
② 梅友松，黄红英. 地方高校转型发展研究 [M]. 北京：光明日报出版社，2015：1.
③ 王玉丰. 中国新建本科院校转型发展研究——基于自组织理论的分析范式 [M]. 北京：教育科学出版社，2011：15.

本科教育时间比较短的高校，应是当前地方本科高校转型发展的主要对象。① 因此，本书所指地方本科院校主要是1999年以来的公办和民办新建本科院校、独立学院。

三、地方本科院校转型发展

"转型"一是指社会经济结构、文化形态、价值观念等发生变化；二是指转换产品的型号或构造。② 人们一般认为"转型"是来自社会学领域的一个概念，指传统社会向现代社会转变的过程，后来指人们的认识观念和事物的组织形态、运转模式的综合性转变过程。钟秉林认为，所谓转型，是指事物的结构形态、运转模式和人们思想观念的根本性与深层次转变，是主动求新求变的创新过程。③ 所谓地方本科院校转型发展，就是指基于高等教育发展趋势、经济需求和高校自身特点的科学定位，寻求并确立新的发展式样和选择新的发展路径的改革过程，其本质所表达的是一种新的价值定位和调适。④

结合领导讲话和相关文件，本研究认同王玉丰从新建本科院校转型发展角度做出的转型内涵解释。即这类院校在面对生存环境变化时，主动地对自身内部结构要素以及要素间关系进行调整与变革，通过转型跃迁以适应环境的变化，进而实现学校内部稳定性与外部动态性相互平衡的转化过程。具体包含三个层面的含义：第一，转型是在原有基础上向

① 张大良. 把握"学校主体、地方主责"工作定位　积极引导部分地方本科高校转型发展〔J〕. 中国高等教育，2015（10）：23-29.
② 中国社会科学院语言研究所词典编辑室. 现代汉语词典（第5版）〔M〕. 北京：商务印书馆，2005：1790.
③ 钟秉林，王新凤. 我国地方普通本科院校转型发展若干热点问题辨析〔J〕. 教育研究，2016（4）：4-11.
④ 张健. 地方本科院校转型发展：问题与建议〔J〕. 职业技术教育，2016（15）：36-40.

新的方向转化；第二，转型是对原有结构进行变革的一个过程；第三，转型作为过程具有不确定性，并不必然形成良性的结果。① 转型的方向正像教育部时任部长袁贵仁所说，把办学思路真正转到服务地方经济社会发展上来，转到产教融合校企合作上来，转到培养应用型技术技能型人才上来，转到增强学生就业创业能力上来。② 转型的结构即如《现代职业教育体系建设规划（2014—2020 年）》提出的那样，鼓励创办应用技术类型高校，将其建设成为直接服务区域经济社会发展，以举办本科职业教育为重点，融职业教育、高等教育和继续教育于一体的新型大学。转型发展是一个积极变化的过程，即便没有达到真正的目的，至少学校的认识观念和办学行为会有一个跃升。

四、治理

治理，其英文单词为 Governmance，"治理"一词在中国的历史源远流长，其内涵在不同时代不断丰富和拓展。2013 年 11 月 12 日中国共产党第十八届中央委员会第三次全体会议通过的《中共中央关于全面深化改革若干重大问题的决定》明确提到，全面深化改革的总目标是完善和发展中国特色社会主义制度，推进国家治理体系和治理能力现代化。为了深入理解这一目标的内涵及其实践意义，光明日报记者做了专访。在采访中，中国行政管理学会执行副会长高小平研究员认为，"治理"是一个古老的词语，中国历代都讲治理，并且积累了大量国家治理的智慧和经验，但这个概念在近二三十年被赋予了许多新的内涵。与

① 王玉丰. 中国新建本科院校转型发展研究——基于自组织理论的分析范式［M］. 北京：教育科学出版社，2011：16-17.
② 袁贵仁. 全面深化综合改革 全面加强依法治教 加快推进教育现代化——袁贵仁部长在 2015 年全国教育工作会议上的讲话［N］. 中国教育报，2015-2-12（001，004）.

传统意义上的"管理"相比，现代政治学和行政学等研究将"治理"拓展为一个内容更丰富、包容性更强的概念，重点是强调多元主体管理，民主、参与式、互动式管理，而不是单一主体管理。从传统"管理"到现代"治理"的跨越，虽只有一字之差，却是一个"关键词"的变化，是治国理政总模式包括权力配置和行为方式的一种深刻的转变。① 大学治理源于公司治理理论下的企业治理结构。企业治理也存在于各种非营利组织中。1995 年，全球治理委员会正式将治理定义为"是个人或组织、公共部门或私有部门管理其一般事务的多种方式的总和，它是一个使冲突和多元利益得到妥协并采取合作行为的持续过程"。② 李福华在其专著《大学治理与大学管理》一书中认为，治理一词诞生于 20 世纪 80 年代末和 90 年代初，治理理论的发展时间还比较短，在引述了詹姆斯·罗西瑙等国外学者的观点后，将治理的共性特点归纳为四点：强调政府与公民社会的合作，强调自上而下的管理与自下而上的参与相结合；强调管理主体的多样性；在管理的性质上强调政府对公民的服务；在管理技术上强调引入市场的机制。③

五、地方高校转型治理

根据上述学者的观点，我们认为，地方高校转型治理指地方本科高校基于经济社会发展需求和学校生源、师资、学科专业、办学条件等实际情况，为达到培养出社会发展需要的高素质应用型人才的目标，从学校内外两个方面，创新与政府、社会的关系以及内部原有的组织管理体

---

① 周晓菲. 治理体系和治理能力如何实现现代化 [N]. 光明日报，2013-12-04（004）.

② Commission on Global Governance. Our Global Neighborhood：The Report of the Commission on Global Governance [R]. Oxford University Press，1995：02.

③ 李福华. 大学治理与大学管理 [M]. 北京：人民出版社，2012：1-3.

制机制，积极吸纳政府、行业、企业、学生等多方利益主体协同共治，不断优化学校治理结构，提升治理能力的过程。其特点主要表现为三个方面：治理主体的多元性、治理结构的开放性、组织方式的协商性。

第二节　地方本科高校转型治理的理论基础

一、高校职能理论

纵观世界高等教育发展史，随着社会政治、经济、文化的发展变化，高校的角色也逐渐发生了变化，从所谓的"象牙塔"走向"社会中心"。正像王骥描述的那样，将大学演变模式划分为"书斋型""实验室型""企业型"三种。① 这其实形象地反映了大学的三个基本职能的演变，即人才培养、科学研究和社会服务。众所周知，最早的真正意义上的中世纪大学产生的直接原因，乃是城市的出现对商业和贸易的发展起到了巨大推动作用，人们对新的专门知识产生了日益强烈的需求。一些专门从事这些知识研究和传授的机构便应运而生。② 其当时的任务主要是人才培养，为满足世俗和教会的双重需要，中世纪大学为各级国家机构和教会机构培养了大量毕业生。③ 时间到了 1810 年，柏林大学诞生，以威廉·冯·洪堡等为代表的教育改革家力倡科学研究，他们遵循"学术自由"原则，建立起了全新的大学办学模式，开了现代意义

① 王骥. 论大学知识生产方式的演化——自组织理论的视角 [D]. 武汉：华中科技大学，2009：21.
② 徐继宁. 中世纪大学与现代大学的职能比较 [J]. 高教发展与评估，2009（1）：77-83，123.
③ 石广盛. 欧洲中世纪大学研究 [D]. 上海：复旦大学，2007：19.

上学术或研究型大学的先河。但是科学研究不是空中楼阁，应紧密结合社会发展需求，柏林大学在 2010 年召开的建校 200 周年校庆会议上原计划发表的《2010 洪堡备忘录》受人们的质疑便是证明。关于大学的科研定位，批评者认为，德国大学所秉承的科研原则，远离政治、社会生活，德国大学引以为根本任务的科学研究正面临挑战。① 到了 19 世纪，如火如荼的科技革命强烈地推动了社会生产力的快速发展，大学满足于传授科学知识、培养理论型人才、脱离社会需求的现状再也无法适应社会的发展。随之，一批崇尚实用主义思想和大学"服务"功能的实用性、应用性高等学校应运而生。② 最典型的当属美国威斯康星大学。1904 年，美国威斯康星校长范·海思提出了著名的"威斯康星思想"，并创造性地提出了大学具有为社会提供直接服务的职能，使威斯康星大学成为立足地方、服务社会的典范。直到今天，这一思想对我国地方本科院校向应用型大学转变依然具有较强的理论与实践借鉴意义。

事实上，不仅国外大学强调社会服务，我国高等教育政策自改革开放以来，也一直在强调大学服务社会的应用性质。1985 年第一次全国教育工作会议出台了《中共中央关于教育体制改革的决定》，明确提出"加强高等学校同生产、科研和社会其他各方面的联系，使高等学校具有主动适应经济和社会发展需要的积极性和能力"。③ 1993 年第二次全国教育工作会议出台的《中国教育改革和发展纲要》指出，"高校要增强适应社会多方面需求的能力。高校科学技术工作，应面向社会主义现

---

① 秦琳.洪堡模式的今日与研究型大学的明天［J］.比较教育研究，2011（9）：1-6.
② 徐辉，李薇.大学功能的世纪演变［J］.高等教育研究，2013（3）：5-8.
③ 中共中央 国务院.关于教育体制改革的决定［EB/OL］.中华人民共和国教育部. 1985-05-27.

代化建设，同培养人才相结合，使科技成果尽快转化为现实生产力"①。
1999 年第三次全国教育工作会议出台《关于深化教育改革全面推进素
质教育的决定》，强调高校除了开展校企合作，成果转化外，还要加强
社会实践工作，利用假期组织志愿者到城乡支工、支农、支医和支
教②。2010 年第四次全国教育工作会议出台的文件《国家中长期教育
改革与发展规划纲要（2010—2020 年）》对高校社会服务职能进行了
单列，指出高校要全方位开展社会服务，主要包括产学研结合和科技成
果转化；大力推进继续教育工作，服务社会大众；大力开展科普工作，
提高国民综合素质；弘扬优秀传统文化，发展先进文化；积极参与决策
咨询，主动开展前瞻性、对策性研究，充分发挥智囊团、思想库作用；
鼓励师生开展志愿服务③。2012 年教育部发布的《教育部关于全面提
高高等教育质量的若干意见》（教高〔2012〕4 号）强调，高校要从主
动服务经济发展方式转变和产业转型升级，开展校企、校地合作，加强
和建设高校技术转移中心、产学研战略联盟、咨询研究机构、战略研究
院和国际问题研究中心等方面，提高高校社会服务能力。2015 年发布
的《关于引导部分地方普通本科高校向应用型转变的指导意见》更是
集中体现了高校社会服务的职能，将"推动转型发展高校将服务地方
经济社会发展"作为重要指导思想统领高校转型。在转型发展实践中，
常熟理工学院、合肥学院、黄淮学院等一批转型试点院校无一不是立足

---

①　中共中央 国务院. 中国教育改革和发展纲要.［EB/OL］. 中华人民共和国教育部.
1993-2-13.

②　中共中央 国务院. 关于深化教育改革，全面推进素质教育的决定［EB/OL］中华人
民共和国教育部. 1999-6-13.

③　中共中央 国务院. 国家中长期教育改革和发展规划纲要（2010—2020 年）［EB/
OL］. 中华人民共和国教育部. 2010-7-29.

地方、服务社会的成功典范①。因此，从大学职能的演变历史和我国改革开放以来历次全国教育会议传递的信号，展现出一个共同的特点，就是大学的发展是一个从脱离经济社会的发展，到适应经济社会发展，再到某种程度上引领经济社会发展的渐变过程，正如 1966 年经济学家弗里德曼所说的，在知识成为经济社会赖以存在和发展的基本资源与生产要素后，高等教育逐步从游离于社会之外的"象牙塔"进入社会的边缘区，并渐次成为推动经济社会发展的"中心"要素②。在大学成为人们关注的焦点之后，各种利益主体便产生了参与高校管理、教学、科研等事务的意愿，从这个角度而言，高校职能理论就为地方本科院校转型治理提供了内在的理论依据，值得我们在转型发展中深刻反思。

二、生命周期理论

一般认为，"企业生命周期"的概念最早由马森·海尔瑞（Mason Haire）提出，他认为可以用生物学中的"生命周期"观点来看待组织，因为组织的发展也符合生物学中的成长曲线③。其中，组织管理是组织健康发展的瓶颈制约因素，甚至会给组织发展带来停滞、消亡等重大影响。其基本原理是：任何一个组织都是由人这一生命体所组成，必将影响和赋予组织以不断的发育和成熟，从而成为一个社会有机体，这个有机体将包括从生到死的各个成熟阶段的生命途程④。这一理论提出之

---

① 韩伏彬，董建梅. 论地方本科高校转型发展的主题与着力点［J］. 高教研究与实践，2016（4）：3-7，43，79.

② 智学，田宝军，徐爱新. 高等教育从社会边缘向社会中心转移——论"高等教育走向社会中心"的内涵与特征［J］. 河北学刊，2008（05）：189-192.

③ 张利军，刘林艳. 组织生命周期理论在高职院校后勤管理中的应用［J］. 现代商业，2010（3）：173-175.

④ 关培兰. 组织行为学［M］. 北京：中国人民大学出版社，2003：358.

后，很多学者将其应用于企业组织成长的研究中，出现了多种关于组织
生命周期理论的分化。如美国哈佛大学教授雷蒙德·弗农（Raymond
Vernon）在1966年提出了产品生命周期理论，认为，产品和人的生命
一样，要经历形成、成长、成熟、衰退这样几个周期①。即任何产品都
具有从原材料的筛选、采购、设计、加工、流通、使用直至报废等这样
一个完整的生命周期。研究组织生命周期理论的学者，还提出了不同的
生命发展阶段，以进一步丰富和完善这一理论体系。如西方学者理普特
和施密特的产生、青年和成熟三阶段说②；奎因、卡梅伦和格雷纳的创
业、集体化、规范化和精细化四阶段说③；罗勒、希布勒和里普洛格尔
的创业管理、个人管理、职业管理、官僚式管理和矩阵式管理五阶段
说④。国内也有许多学者对此提出了自己的看法，如周三多教授提出的
专业化、多元化和归核化三阶段说等⑤。在我国，宣勇等人首次将组织
生命周期理论运用于高等教育领域，对大学学科组织开展研究，提出了
大学学科组织生命周期四阶段模型：生成期、成长期、成熟期、蜕变
期，并提出了学科组织发展的相关策略⑥。判断一个组织究竟是否适合
运用生命周期理论有两个必要条件，一是看这一组织是否符合生命体的
特征；二是看这一组织是否存在生命体发展阶段的内在联系。丁么明认
为，"转型"意味着旧秩序的打破和新秩序的建立，是从一种平衡态到

---

① 何理瑞，王建军，桑迎平. 基于生命周期的应用型本科院校实训管理平台建设 [J].
浙江水利水电学院学报，2016（5）：88-90.

② 张德. 组织行为学（第2版）[M]. 北京：高等教育出版社，2004：294.

③ 达夫特. 组织理论与设计精要 [M]. 李维安，译. 北京：机械工业出版社，1999：
89-90.

④ RHR公司. 心理学家谈管理——管理的挑战 [M]. 张东辉，译. 重庆：重庆出版
社，1985：132-180.

⑤ 周三多，邹统钎. 战略管理思想史 [M]. 上海：复旦大学出版社，2002：100.

⑥ 宣勇，张鹏. 组织生命周期视野中的大学学科组织发展 [J]. 科学学研究，2006
（S2）：43-47.

另一种平衡态的过渡。成熟的本科院校，是指新建本科院校在经过 10 年左右的建设，具备一定发展的基础上，向建设现代大学过渡的一个阶段，是一所不断建设、不断发展、不断完善，能够自觉遵循高等教育发展规律，较好地履行高校职能的本科院校。他还总结出成熟本科院校必须具备的六个方面：遵循教育规律，很好地履行大学职能；办学条件有保障并持续发展；规章制度完备，教授治学、民主管理成为行为准则；校园文化浓厚，大学精神凸显；有较高的社会知名度和美誉度；把握机遇，不断创新突破。①

由此，本研究认为，地方本科高校作为一个人文特征浓郁的文化组织，尤其是在自身逐渐壮大和面临发展机遇的当口，应自觉主动创新，遵循生命周期发展阶段原理，积极寻求发展良机，创造突破条件，在转型发展中脱颖而出，跃入成熟阶段。转型高校的发展也遵循着大学的生命周期理论，学校由初期的粗放型、封闭型、不成熟的管理逐步向精细化、科学化、规范化管理迈进，并在此基础上，吸纳世界高校优秀管理经验和中国管理智慧，通过自我革新、自我飞跃，向管理的更高阶段——"治理"阶段迈进的过程。

三、三重螺旋理论

地方本科院校转型发展不是"独角戏"，必然要得到政府和行业企业的支持，因此，处理好三者之间的关系将非常有利于转型治理顺利开展。当今分析大学、政府和企业三者之间关系的主流模型当属三重螺旋（Triple Helix）理论。该理论最先由美国纽约州立大学社会学系亨利·埃兹科维茨教授和荷兰阿姆斯特丹科技发展学院的罗伊特·劳德斯多夫

---

① 丁么明. 关于新建本科院校向成熟本科院校转型的若干思考 [J]. 教育研究，2011
（4）：70-71.

教授在 20 世纪 90 年代中期提出，他们根据生物学中有关基因、生物体和环境的螺旋关系原理，解释了在知识经济发展中大学、政府和企业之间相互依存的互动关系。① 在该理论提出之前，美国学者伯顿·克拉克在《高等教育系统：学术组织的跨国研究》（1983）一书中，首次提出并建构了高等教育发展的政府、市场、大学"三角协调模式"。随后，英国学者加雷斯·威廉姆斯（Gareth L. Williams）在《高等教育的市场化：高等教育财政的变革与潜在变化》（1995）一文中，依据伯顿·克拉克的上述模式又发展出六个细部模式，将高等教育机构所面对的政府、市场及学术三种势力的强度与方向进一步图像化。② 但是，他们在论及政府、高校与市场三者之间关系时，都一致性地认为彼此之间既相互牵制又互动发展，是一种非此即彼的矛盾关系。对于"三足鼎立"的理想态势，他们认为是不可能实现的。③ 这种认识可能在中世纪乃至近代社会可能是成立的，但在当今知识经济社会，由于创新的驱动迫使政府、高校和市场之间的力量发生转变，最终达成默契。因此，三重螺旋理论认为，在知识经济社会，政府、企业与大学是相互独立又相互联系、相互作用的三个核心社会机构，它们根据市场要求而联结起来，形成了三种力量交叉影响的三重螺旋关系。三重螺旋理论不同于传统的官产学研合作理论，其终极目标在于寻求大学、企业、政府的思想通识，在宏观层次上达成战略合作，形成创新、育人的长效机制④。在他们看

① 马永斌，王孙禺. 大学、政府和企业三重螺旋模型探析［J］. 高等工程教育研究，2008（5）：29-34.
② 彭湃. 大学、政府与市场：高等教育三角关系模式探析——一个历史与比较的视角［J］. 高等教育研究，2006（9）：100-105.
③ 蒋平. 地方普通本科院校转型发展：三重螺旋模式下的政策指向［J］. 教育发展研究，2016（5）：1-10.
④ 雷德斯多夫，迈耶尔. 三螺旋模式和知识经济［J］. 周春彦，译. 东北大学学报（社会科学版），2010（1）：12.

来，政府、大学与产业之间的关系可表述为三种模型：一是校企政关系的极权模型（An Etatistic Model of University–Industry–Government Relations），这种关系模型中，政府统揽、主导着大学与行业企业的发展，如苏联和东欧国家；二是校企政关系的独立模型（A "Laissez–faire" Model of University–Industry–Government Relations），政府、大学与产业各自有清晰的边界，独立发展，如瑞典和美国；三是校企政关系的三重螺旋模型（The Triple Helix Model of University–Industry–Government Relations），政府、大学与产业基于各自职能边界的重叠相交，生成知识网状结构，相互承担对方的职能，从而形成新的三方合作组织和战略关系。① 该理论在国际上具有广泛影响，2004 年被联合国千年计划"科学、技术和创新"专题组写入中期报告，成为国际性指导意见。正如雷德斯多夫和埃茨科维兹特别指出的那样，"三重螺旋模式"更能体现政府、大学和市场之间的互动关系，通过政府、大学和市场三者合力，加强"官、学、研"一体化发展，提高科技产业效能和市场核心竞争力，从而最终使三者共同获益。② 就像上文所说的那样，地方本科高校转型发展的过程其实也是重塑政府、高校和企业的关系的过程，如何处理三者之间的关系，三重螺旋理论无疑为其提供了很好的依据。

三重螺旋理论对于地方本科高校转型治理具有以下三点启示：一是经济社会发展的综合性、跨界性等特性需要大学、政府和社会有机合作，实现互利共赢；二是"三重螺旋模式"是非常稳定而有效的社会治理策略选择，目前我国高校中的"双一流"高校正致力于科教融合，

---

① 蒋平. 地方普通本科院校转型发展：三重螺旋模式下的政策指向 [J]. 教育发展研究，2016（5）：

② ETZKOWITZ H, LEYDESDORFF L. The Dynamics of Innovation：From National Systems and "Mode 2" to a Triple Helix of University–Industry–Government Relations [J]. Research Policy,. 2000, 29 (2)：109–123.

高职高专院校更是在政府的推动下掀起了产教融合热潮，地方普通本科高校则在两者之间选择了产学研合作这一中间产物；三是在当前校企合作、产教融合不够积极或一冷一热的情况下，政府必须发挥积极主导作用，搭建高校与行业企业合作的信息平台和政策平台，通过制定奖励政策或明确企业参与高校人才培养的权利，充分调动高校和企业两个积极性，有效、持续、深入地推动校企实质性合作。

应该说，地方本科高校转型发展治理具有较强的理论支撑。高校职能理论为地方本科高校转型发展治理提供了方向支撑，即社会服务职能是转型的直接指向，立足地方办大学、服务社会谋发展是地方本科高校的发展方向。生命周期理论为地方本科高校转型治理提供了过程支撑，转型发展是地方本科高校整个生命历程中一个非常重要的阶段，明确了这个阶段的特征，就为学校的发展明确了努力方向。三重螺旋理论为地方本科高校转型治理提供了定位支撑，该理论明确了政府、高校和企业具有合作共赢关系，对地方本科高校理顺与政府和企业的关系，明确自身角色，做好自身发展定位具有重要的指导作用。当然地方本科高校发展治理还具有很多理论依据，如自组织理论、资源依赖理论、利益相关者理论、供需理论等，由于篇幅所限，不再一一赘述。

地方本科高校转型发展是我国决策层经过权衡、博弈后遴选出的政策走向，这种方案相比"职教分级制"和高职院校升本的"内生发展"方案更加稳妥、风险最小。"转型发展"方案虽最终胜出，但执行中却被部分地方高校抵制或遭学界质疑。除对政策设计能否实现预期目的（如高校分类、解决就业难等）的怀疑，更有对高校办学自主权的高度认同；政策治理能力是治理能力现代化的重要一环，应引起足够重视。例如，鉴于现代职业教育体系建设的紧迫性和地方本科高校"转型形式化"等问题①，从 2019 年开始国家在高职院校中逐渐遴选出一批试点院校，开展职业本科教育探索，表明转型发展高校一家独大政策开始引入高职升本的竞争局面中来。作为地方转型高校，必须树立时代感、紧迫感，处理好与政府和社会的关系，优化学校内部治理结构，提升学校的治理能力，在高等教育"夹心层"中开辟出一片新天地。

---

① 张衡. 政策治理：地方新建本科院校转型的结构调整［J］. 高教发展与评估，2021（2）：35-45，117.

第二篇
地方本科高校转型发展外部治理

▼

▼

第三章 地方政府在高校转型发展
治理中的角色与行动

    2014 年 3 月教育部发布《关于地方本科高校转型发展的指导意见（征求意见稿）》（以下简称《转型意见》）后，各省（自治区、直辖市）纷纷行动，制订本区域转型实施方案，并陆续向社会公布实施。据教育部官员透露，截止到 2018 年 4 月，绝大多数省份作为转型改革，遴选出 300 多所应用型本科高校作为转型改革试点。① 其中，浙江省转型发展试点最多，达 41 所，河北省为 10 所。根据各省市转型试点发展方案，目前很多省份已经完成了第一轮试点验收工作，有的省份已经开展了第二轮甚至第三轮的试点工作。也就是说，当前推行转型试点的高校数量已经远远超过 300 所。综合《转型意见》和相关地方实施意见或方案，对地方政府在引导本科高校转型发展中的角色与行动概述如下。

---

① 教育部举行新闻发布会解读《职业学校校企合作促进办法》等［EB/OL］.（2018-04-28）［2018-6-19］.

第一节　地方政府在高校转型发展中的角色

一、统筹与调控者

十九届三中全会提出，要推进国家治理体系和治理能力现代化。转变政府职能，理顺中央和地方职责关系。中央加强宏观事务管理，地方在保证党中央令行禁止前提下管理好本地区事务，赋予省级及以下机构更多自主权，增强地方治理能力①。在"放管服"政策背景下，教育部三部委发布的《转型意见》明确指出，积极推进转型发展，必须采取有力举措破解转型发展改革中顶层设计不够、改革动力不足、体制束缚太多等突出问题。转型的责任在地方。要充分发挥省级政府统筹权，根据区域经济社会发展和高等教育整体布局结构，制订转型发展的实施方案，加强区域内产业、教育、科技资源的统筹和部门之间的协调，积极稳妥推进转型发展工作②。如河北省在 2016 年制定并发布了《河北省本科高校转型发展试点工作实施方案的通知》（冀教发〔2016〕40 号）（下文简称《河北省高校转型方案》），明确提出"坚持政府主导，顶层设计，加强对转型发展试点工作的总体部署和统筹协调，以增强试点工作的系统性、整体性和协调性"的原则；"切实加强省级统筹，建立教育、发改、财政、编制、人力资源、物价、税务等部门协调联动机制"。该项工作还成立了河北省高校转型发展试点工作领导小组，由省

① 十九届三中全会公报要点 [EB/OL].（2018-3-6）[2018-4-8].
② 教育部 国家发展改革委 财政部. 关于引导部分地方普通本科高校向应用型转变的指导意见 [EB/OL]. 中华人民共和国教育部. 2015-10-23.

政府主管副省长任组长，省政府主管教育的副秘书长、省教育厅主要负责同志以及省发改委、省财政厅分管负责同志任副组长，由编制、人力资源和社会保障、科技、税务等省直有关部门有关领导为组员，统一组织领导全省高校转型发展试点工作。① 辽宁省在 2015 年 11 月以省政府办公厅名义发布了《辽宁省人民政府办公厅关于推动本科高校向应用型转变的实施意见》，明确将高校转型发展工作列入省教育体制改革领导小组重要工作日程，由领导小组负责协调解决工作推进过程中的一些重大问题，并由省教育厅、发改委、财政厅、地税局、国税局、国资委、科技厅、人力资源社会保障厅组成协调组，对转型中出现的人事、经费等资源和政策进行充分支持和协调。② 可见，无论是国家层面还是省级层面，都一致表明地方政府在本科院校转型发展中起到了统筹协调的作用。

二、政策配套者

关于转型政策的支持方面，《转型意见》要求地方政府在院校设置、招生、师资、经费等方面制定配套政策体系。如"要不断完善促进转型发展的政策体系，推动院校设置、招生计划、拨款制度、学校治理结构、学科专业设置、人才培养模式、师资队伍建设、招生考试制度等重点难点领域的改革。按照国家考试招生制度改革总体方案，积极探索有利于技术技能人才职业发展的考试招生制度。调整教师结构，改革教师聘任制度和评价办法，通过教学评价、绩效考核、职务（职称）

① 河北省教育厅 河北省发展和改革委员会 河北省财政厅. 关于印发河北省本科高校转型发展试点工作实施方案的通知 ［EB/OL］. 河北省教育厅. 2016-7-4.
② 辽宁省人民政府办公厅. 关于推动本科高校向应用型转变的实施意见 ［EB/OL］. 辽宁省人民政府. 2015-11-06.

评聘、薪酬激励、校企交流等制度改革，增强教师提高实践能力的主动性、积极性。加大改革试点的经费支持。支持地方制定校企合作相关法规制度和配套政策。各地可结合实际情况，完善相关财政政策，对改革试点统筹给予倾斜支持，加大对产业发展急需、技术性强、办学成本高和艰苦行业相关专业的支持力度"[①]。在政策制定方面，《河北省高校转型方案》显得比较笼统，如只是要求有关设区市政府要为试点高校转型发展提供必要的支持。在方案中虽然参照国家文件要求提出了改革意向，但全文未列出一项比较具体的改革政策。如在经费支持上，仅仅说明根据转型工作推进情况，省级财政统筹财力，安排本科高校转型发展试点资金，未能列出《地方本科院校转型发展专项经费管理办法》等类似具体政策意向，说明在政策支持方面，部分地方政府仍需要加强。与之相比，河南省和山东省在此方面则给出了明确规定。河南省安排了本科高校转型发展专项经费 2 亿元。山东省教育厅、山东省财政厅《关于印发推进高水平应用型大学建设实施方案的通知》（鲁教高字〔2016〕8 号）明确规定，"十三五"期间，省财政将加大投入力度，加强资金统筹，多渠道筹集 20 亿元，积极支持高水平应用型大学建设。对立项建设的应用型专业，根据规划分年度拨付支持经费，对立项建设的应用型大学，根据规划安排支持经费。2016 年，对每个立项建设专业拨付经费 400 万元，每个培育建设专业拨付经费 150 万元。地方普通本科高校向应用型转变不是一句口号，需要大量经费支持才能顺利推行。

三、引导与推动者

地方本科高校转型发展是我国当前一场自上而下的教育结构调整运

---

① 教育部 国家发展改革委 财政部. 关于引导部分地方普通本科高校向应用型转变的指导意见 [EB/OL]. 中华人民共和国教育部. 2015-10-23.

动。如此庞大复杂且极具挑战性的任务，必须在政府的引导和推动下才能实施。关于政府的引导作用，《转型意见》要求各地各高校要从适应和引领经济发展新常态、服务创新驱动发展的大局出发，切实增强对转型发展工作重要性、紧迫性的认识，摆在当前工作的重要位置，以改革创新的精神，推动部分普通本科高校转型发展。各地要结合本地本科高校的改革意愿和办学基础，在充分评估试点方案的基础上确定试点高校。营造良好改革氛围和舆论环境，组织新闻媒体及时宣传报道试点经验。在加强引导作用方面，《河北省高校转型方案》对此非常重视，明确要求按照"试点先行"的原则，鼓励和引导一批普通本科高校向应用型转变，为其他本科院校提供可借鉴、可推广的"转型样板"，并通过示范引领，带动更多普通本科高校加快转型步伐，推动高等教育改革和现代职业教育体系建设不断取得新进展。要牢固树立五大新发展理念，以服务发展为宗旨，以促进就业为导向，明确定位，大胆创新，科学转型。各地要制定相关优惠政策，激发试点高校内生动力活力，引导行业企业深度参与本科高校转型发展，营造产教融合、协同育人的良好环境，形成合力推动试点高校转型发展的工作格局。实行宣传引导制度，充分运用网络、报纸、微信平台等各类媒体对转型发展的相关背景、典型案例等进行广泛宣传。

关于推动本科院校转型发展，《转型意见》在指导思想中明确要求，推动转型发展高校把办学思路真正转到服务地方经济社会发展上来，转到产教融合、校企合作上来，转到培养应用型技术技能人才上来，转到增强学生就业创业能力上来，全面提高学校服务区域经济社会发展和创新驱动发展的能力。围绕这一总要求，《转型意见》从定位与路径、融入区域经济、抓住新机遇、合作建设、专业体系建设、人才培养模式、课程体系、实践基地、招生、继续教育、双师双能型教师队伍、创新能力、评价制度等十多个方面做出了具体部署安排。《河北省高校转型方案》则通过六项制度进行推动，即简报制度、任务清单制度、季报制度、问责约谈制度、督导检查制度、宣传引导制度①。从这些推动制度设计来看，还是非常科学的。近几年，关于地方本科高校转型发展的宣传，各省都进行了大量报道，如广西壮族自治区报道了近两年通过先行先试积极推进新升本科高校转型发展工作，制订规划，积极探索，扎实推进各项试点工作，取得了显著成效。河北省的转型试点经验登上了教育部网站。《中国教育报》也开辟了专栏，对转型试点高校的经验进行了广泛报道。这些报道为广大地方本科高校奠定了信心，起到了经验宣传和推广作用。

四、检查与评估者

关于转型，有学者认为要克服功利化倾向，防止借转型之名，增加招生、获取经费，层次升格、获得硕士点、更名大学等，使转型发展流于形式、名不副实②。因此，建立检查与评估制度非常关键。《转型意见》要求各地建立高校分类体系，实行分类管理，制定应用型高校的设置标准；制定应用型高校评估标准，开展转型发展成效评估，鼓励行业企业等第三方机构开展质量评价。《河北省高校转型方案》提出强化过程性督导检查和绩效评价，实行动态调整机制、督导检查制度、问责约谈制度。但整个方案却淡化了评估制度。浙江省出台了应用型本科高校建设评价指标体系，对全省高校进行分类评价，这一点在全国处于领先水平。该省应用型高校建设的评价指标体系设有办学方向、学科专

---

① 河北省教育厅 河北省发展和改革委员会 河北省财政厅. 关于印发河北省本科高校转型发展试点工作实施方案的通知［EB/OL］. 河北省教育厅. 2016-7-4.
② 钟秉林. 高校转型如何才能名副其实［N］. 人民政协报，2016-3-30（010）.

业、师资队伍、人才培养、应用研究与社会服务和学校影响力等 7 个一级指标、13 个二级指标和 30 个观测点。整个指标体系非常强调应用性，如评价要点中规定，应用型专业占学校专业数的 70% 以上，校企合作的专业不少于学校专业数的 50%；专任教师中"双师双能"型和具有行业企业实践经历的教师占比不低于 70%；共同组建校内外实践教育基地、校企合作班、实验室、实训中心、人才培养联盟、创业孵化基地等校企合作育人平台，建立校企合作共建共管共享的长效机制；应用型专业学生毕业论文（设计）选题主要来自行业、企业实际；校企共同开发课程、教材、案例等教学资源；构建适应应用型人才培养的创新创业教育体系等。① 正像浙江省教育厅高教处副处长王国银在接受采访时说的那样，"不再用'一把尺子'衡量省内大学，应用型高校考核指标体系与方法将有别于重点建设高校"②。可见，地方政府建立本科院校转型发展的督导检查与评估制度，是确保转型取得实效的关键。

五、小结

推动部分地方普通本科高校转型发展，既是落实党中央国务院重要指示精神的行动，更是深化高等教育结构综合改革，主动对接新常态经济发展的重要举措。地方本科高校，尤其是 1999 年以来的新建本科院校是转型的主力军。转型的方向是真正转到服务地方经济社会发展上来，转到产教融合校企合作上来，转到培养应用型技术技能型人才上来，转到提升学生就业创业能力上来，全面提高学校服务区域经济社会发展和创新驱动发展的能力。转型后学校的性质将发生变化，由普通本

---

① 浙江省教育厅办公室. 关于开展应用型本科高校建设评价工作的通知［EB/OL］. 浙江省教育厅. 2017-10-19.

② 李剑平. 浙江不再"一把尺子"衡量省内大学［N］. 中国青年报，2015-8-5（01）.

科高校向集职业教育、普通教育、继续教育于一体的性质变化，类似于美国社区学院，具备多种教育功能。既承接高职毕业生入学继续接受本科层次的职业教育，也满足部分学生继续深造，进行普通本科教育的需要，还满足各类社会人员接受知识技能提高的继续教育需求。

在国家"放管服"改革背景下，我国高等教育管理目前实行中央宏观管理、地方统筹管理的分级管理体制。在这种体制下，地方本科高校转型发展虽然是由国家主导、地方主推的自上而下的教育综合改革，但实际上也是升本 10 年左右的广大地方本科高校的自觉自愿的行为。国家发布指导意见，明确转型意义、目标、任务和措施，地方政府承担政策制定落实、提供经费保障、做好监督检查和评估，营造良好的转型发展环境等职能是应有之义。地方本科高校转型发展不是"独角戏"，需要政府真正负起责任来，针对学校转型中存在的定位、专业结构、师资队伍、人才培养模式、产教融合、办学经费等方面问题，制定相关配套政策，真正帮助学校解决难题，而不是上传下达，避实就虚，搞形式、走过场。

第二节　地方政府推进高校转型的行动

一、衡水市本科院校概况

（一）市情与教育

衡水市位于河北省东南部，历史悠久，交通便利，京九铁路、石德铁路在这里交汇，被费孝通誉为"黄金十字交叉处"。国家级湿地保护基地——衡水湖在其怀抱。衡水虽属经济欠发达地区，工业基础薄弱，但在市委市政府的领导下，明确了"外业、内居、中游"的环湖产业带空间布局，在"大衡水"发展格局下构建起的"宜居、宜业、宜商、宜学、宜游"的现代新型湖滨城市，将使衡水成为名副其实的生态宝地和投资福地。衡水市基础教育发达，衡水中学、衡水二中、冀州中学、武邑中学全国闻名，为高校输送了大批高质量生源。但衡水市高等教育基础比较薄弱，只有一所全日制本科院校，一所高职院校和一所广播电视大学。因本文主要研究地方本科高校，以下就仅介绍衡水学院的基本情况。

（二）学科专业

衡水学院于 2004 年 5 月，经教育部正式批准，由衡水师范专科学校升格为本科院校，前身为始建于 1923 年的直隶第六师范学校，2008 年获得学士学位授予权。该校有教职工 1400 余人，其中，专任教师 920 名，各类高级专业技术职务人员 432 名，具有博士、硕士学位者共 882 名。有全日制在校生 1.4 万余人，另有函授生 9000 余人。

衡水学院设有 20 个二级学院、教学部。有 63 个本科专业，分属文学、理学、工学、教育学、经济学、管理学、艺术学、法学、农学 9 个学科门类；是河北省院士合作重点单位，有河北省湿地生态与保护点、实验室和实验教学示范中心 4 个。16 个本科专业获批省级一流专业建设点，拥有"中国古代文学史""外国文学史""英国文学"等省级精品课程；建有省级"管理科学与工程""微生物学""遗传学""分析化学""动画设计"等重点优势学科和重点特色发展学科，2016 年成功获批了河北省"文物与博物馆学""生物教育""环境生态工程"3 个专业硕士点建设项目。现为河北省第二批应用转型试点院校。

（三）人才培养

衡水学院秉承"守正出新"的校训，坚持"进步教育"理念和"自主自强"学校精神，积极深化教育教学改革，紧密结合区域经济社会发展的需求，培养德才兼备、有社会责任感、有创新精神和实践能力的高素质应用型专门人才。学校注重学生的实践能力培养，建有259个校外实习实训基地，23个产学研合作机构。与冀衡集团、衡水老白干酿酒集团、河北养元智汇饮品有限公司、今麦郎集团等知名企业共建实习实训基地，提高学生的专业实践能力。学生的就业率连年保持在90%以上。学校推行本科教育提高班、专业作品创作、班会课程化、创新创业先锋班等制度，学生的综合素质得到全面提升。近三年，毕业生就业率、大学英语等级考试、计算机等级考试通过率均高于全省同类院校平均水平。学生公开发表论文和作品73篇，在大学生数学建模竞赛、创业计划大赛、大学英语演讲比赛、桥牌赛、机器人比赛、"挑战杯"课外学术科技作品大赛等各级各类赛事中获得国际竞赛奖5项，国家级奖励258项，省级奖励619项。

学校注重国际交流与合作，近年来，先后与韩国圆光大学、韩国光州女子大学、韩国全南大学、美国康考迪亚大学、美国西佐治亚大学等多所国外高校建立了稳定的合作关系，开展了教师互派、学分互认、学生交流、语言培训等合作交流活动。2020年4月和乌克兰国立柴可夫斯基音乐学院合作办学，设立衡水学院柴可夫斯基国际音乐艺术学院。

（四）科学研究

该校科研处一位负责人在访谈中自豪地说道："近些年，我们出台了一系列科研激励政策，广大教师积极开展调研，申报各类项目，我校的科研工作一步一个台阶，我们的科研取得了丰硕成果，《衡水日报》

连续以'硕果累累满枝头'等标题对我校的科研工作进行报道。"访谈结束后，该负责人又热心地给本研究提供了学校近些年在科学研究方面所取得的成绩的相关资料。

根据访谈和资料整理，我们认为，该校的科学研究工作积极响应国家号召，围绕地方，积极开展科技、文化、经济等方面研究，全面对接地方社会发展需求，成了地方政府离不开的亲密"伙伴"。具体表现在以下三个方面。

一是围绕衡水的名片——衡水湖，积极有为地参与衡水湖湿地保护研究工作。学校成立衡水湖湿地保护研究所，在衡水湖湿地保护研究上取得了丰富成果。开展了"衡水湖湿地鸟类多样性研究""衡水湖生态环境现状分析及保护性对策研究"等系列重点课题，取得显著社会经济效益。其中，"衡水湖湖滨带植被恢复及植物景观生态学"研究成果应用于衡水湖湿地公园，节省资金900多万元，课题成果已连续多年应用于衡水湖国际马拉松赛道植物景观设计；"外来植物黄顶菊的入侵风险性评估研究"项目研究成果被多次引用，在国内学界产生了一定影响；"利用农药降解菌提高衡水湖水质的建议"受到时任衡水市委书记刘可为同志的肯定。2012年，环保部（现生态环境部）、国土资源部（现自然资源部）、水利部、农业部（现农业农村部）、国家林业局、中科院、国家海洋局7部门组成的专家组对衡水湖评估时，高度赞赏了该校在衡水湖湿地保护方面所做的工作。

二是围绕衡水的支柱产业——酿酒饮品，开展深度合作研究。学校与衡水老白干酿酒集团有限公司合作研发的覆盆子啤酒，已于2007年5月在河北衡水九州啤酒有限公司成功实现产业化生产，以年销量1.2万吨计算，年纯利润可达240万元，在社会上引起了较大反响。近5年来，该校相继派出多名博士教师进驻衡水老白干工作站，为企业解决生产技术难题。他们完成了《老白干大曲重要功能菌的研究》《老白干酒质量控制与指纹图谱构建》《老白干酒发酵过程中主要风味物质的调控》等研究项目，首次发现了老白干酒中的9种新风味物质，为后续纯种制曲及制曲工艺的自动化提供理论依据和技术支持，并成功申请了5项专利。该校还与养元智汇饮品有限公司开展合作研究，成功申报了"发酵型核桃乳生产专用菌株选育及发酵工艺研究""葛根素的分离、纯化及在核桃乳中的应用""核桃分心木中活性成分的分离纯化及应用研究"等项目，共同开展核桃蛋白水解工艺研究，并指导该公司完成核桃乳改善记忆人体试食方案设计，协助其完成了河北省微生物发酵植物蛋白饮料工程实验室建设项目和河北省植物蛋白饮料工程技术研究中心的申报工作。学校教师还为河北养元智汇饮品股份有限公司"六个核桃""核桃至尊"等产品的包装罐和包装箱以及手提袋等进行的视觉营销体系设计，成果相继投入生产销售。

三是响应国家繁荣文化发展政策，挖掘、传承和发展地方特色文化。衡水市是汉代思想家、政治家董仲舒的故乡，学校学报开辟董仲舒研究专栏，专家研究成果已被辑录整理出12卷本，多次承办董仲舒国际国内高端学术研讨会议，发扬董子文化。目前该校成立了董子学院，汇集了周桂钿、余治平等董学研究名人，已成为研究董子文化的国际高地。

该校承担有河北省科普展教项目"湿地保护与衡水湖生态文化"，作为研究成果之一的动漫片《小金鱼漫游记》入选了全国文化信息资源共享工程。"衡水湖生态文化发展对策研究"被列入教育部社科规划基金项目，专著《衡水湖生态文化发展战略研究》获得河北省第十五届优秀社科成果二等奖。武强县政府采纳了该校教授主持的河北省社科规划基金项目"富有潜力的文化产业——对武强年画的考察"课题组意见，在武强县城建立了公园、年画一条街。冀派内画创始人王习三大师采纳了该校项目"文化产业中的冀派内画"研究成果，在北京2008年奥运会期间现场作画，传播内画知识，取得经济效益的同时，大力宣扬了衡水地域文化。此外，学校承担的地方研究课题对衡水侯店毛笔、形意拳、安平秧歌、周窝音乐小镇、麦田音乐节的传承与建设均发挥了积极的促进作用。

衡水学院的科研工作近年来得到质的飞跃，近5年，该校获得国家项目的突破，连续几年获得国家自然科学基金项目4项，国家社科规划基金项目1项。获省级优秀教学成果奖6项，省部级科研成果奖励5项，实现重要科技成果转化数十项。该校还是河北省非物质文化遗产研究基地、哲学社会科学研究基地和河北省董仲舒研究会会长单位。

（五）社会服务

立足地方办大学、服务地方谋发展是衡水学院学校办学理念最形象的诠释。该校科研处一位负责人在接受我们访谈中说："作为一所地方本科高校，服务社会是我们的重要职责，为地方服务更是责无旁贷。近些年，我们立足衡水，全方位研究衡水，套用学校王守忠书记的话说，衡水有多大，学校就有多大。"

通过访谈内容整理，我们认为，该校积极发挥自身学科优势，在咨政议政，技术服务、指导、培训，城市规划设计，社会活动志愿服务，基础教育帮扶等方面，为衡水市经济社会发展做出了巨大贡献。

在咨政议政方面，该校积极主动参与市人大、政府会议，分学科与政府各局对接，进行咨询论证，立法起草，主动承担社会责任。近年来，该校利用人才资源优势，在地方政府的邀请或委托下，承担了衡水市"十二五"发展规划的编制研究工作；在"十三五"规划的制定当中，该校的很多科研成果成为衡水市"十三五"规划制定的重要依据。衡水市"十四五"规划9次提及衡水学院，明确支持该校向应用技术大学转型发展。2015年由学校起草并协助市委宣传部完成的"董仲舒故里恢复"项目，得到了省委主要领导同志批示，省委决定为董仲舒故里恢复项目先期投资2.9亿元。2016年，该校为建设衡水大学城提供了可行性论证和建设方案，为衡水市供给侧改革开展会议研讨，谋划思路。另外，衡水市水务局、环保局、农业局、文化局、衡水滨湖新区管委会等市局主动与学校签订了几十项合作协议。可以说，该校已成为当地政府的一个智囊机构。

在技术服务、指导、培训方面，衡水学院与衡水市农牧局水产技术推广站合作进行了大宗淡水鱼套养南美白对虾养殖模式研究，指导水产技术站进行台湾鳗鳅的人工育苗攻关、鱼病防治、池塘水质化验工作，通过人工孵化技术，成功培育出鳗鳅苗种100万尾，同时对养殖户进行了养殖技术培训和现场指导工作。该校还与衡水的冀衡集团、河北钢铁衡板公司、河北宝力工程橡胶有限公司、河北龙港集团、衡水华强玻璃钢有限公司等多家企业合作，为企业新产品的研发提供了技术服务。此外，从2006年以来，该校连续6年承办"国培计划"和"省培计划"项目，共培训2310人；举办衡水市教育干部培训班5期，参训1844人；该校还承担了衡水市技术监督局、环保局员工培训，农牧局新型职业农民培训，北京中检物流员工远程培训，衡水养元核桃乳管理咨询，衡水中铁建ISO9000咨询，中小学校长和骨干教师创新能力和业务能力培训等任务。

在城市规划设计方面，2015年，该校专业教师跟随衡水市政协专题调研组进行了认真调研，形成了"城中村改造和农村新型社区建设"及"湿地保护和建设"调研报告，呈交了"衡水湖湿地保护规划框架建议"，被衡水市政协采纳。在此基础上分别形成了《关于"以城中村、城郊村、衡水湖片区拆迁改造提升为抓手，加快中心城市和县城建设，以农村新型社区建设为突破口加快'三区同建'步伐，把城乡统筹、旅游业发展提高到一个新水平"的建议案》和《关于积极运用政府与社会资本合作（PPP）模式，做好衡水湖湿地保护与发展的建议案》，受到了衡水市委、市政府的高度重视。

在社会活动志愿服务方面，自从 2012 年衡水市承办世界马拉松体育赛事以来，该校每年都派出千余名学生志愿者全程参与志愿服务工作，体育学院派出师生承担裁判工作。2017 年河北省首届园林博览会在衡水举办，该校组织 110 名志愿者为大会提供了会务服务、迎宾接待、园博园园区参观引导及陪同、后勤保障等各项志愿服务。此外，各学院还根据自己的专业优势，为地方社会志愿服务。该校公管学院师生到老年公寓开展"奉献爱心，关怀老人"志愿服务活动；外国语学院为衡水举办的各类赛事、商务会议提供翻译志愿者服务，美术学院师生到武强音乐小镇、毛笔之乡侯店村、城市社区以及学校扶贫村开展墙绘志愿服务等。志愿者们热情、周到、细致的服务工作受到了市政府的高度赞扬，赢得了广大社会群众的好评，学校也先后被评为"衡水市志愿服务先进单位""河北省先进志愿服务组织""善行河北、立德树人——优秀志愿者巡讲及体验活动"优秀组织奖等荣誉称号。

升本以来，衡水学院的社会声誉不断提升。《光明日报》、《中国教育报》、新华网、长城网等媒体对该校人才培养与科学研究所取得的成绩进行了专题报道。先后荣获"全国文明单位""全国群众体育工作先进单位""全国高校教师网络培训工作先进集体""国家级语言文字规范化示范校"和首届"影响衡水"十佳社会组织等称号。

访谈结束时，该校负责人动情地说："像这样的事例不胜枚举，可以说，衡水学院已经成为地方政府决策离不开的最亲密的'伙伴儿'。学校对接地方需求初见成效，为衡水市的后续发展奠定了一个良好的基础。今后，立足地方，服务社会，将成为我们长期坚持的努力方向！"

二、衡水市政府对本科院校转型发展采取的措施

衡水学院是一所省市共建、市管为主的全日制普通本科学校，因此，该校的规划用地、人事编制、教学经费等由衡水市政府管理和支持。

（一）规划校园占地空间

从 1999 年高校招生实施扩招政策以来，随着学生规模的不断增长，高校的占地面积日益紧张。于是，教育部在 2004 年和 2006 年分别出台了《普通高等学校基本办学条件指标（试行）》《普通本科学校设置暂行规定》两个文件，对学校的占地面积等办学条件做出了明确规定。前一文件中规定，综合、师范、民族院校的生均占地面积合格标准为 54 平方米，生均教学行政用房面积合格标准为 14 平方米，限制标准为生均 8 平方米。对于有一项基本办学条件指标低于限制招生规定要求的学校即给予限制招生（黄牌）的警示，以维持基本办学条件不再下滑，并促进其尽快改善办学条件。限制招生的学校其招生规模不得超过当年毕业生数。[①] 后者规定普通本科学校生均占地面积应达到 60 平方米以上。学院建校初期的校园占地面积应达到 500 亩以上。[②] 这说明，作为一个师范类本科院校，其校园占地面积最低要求为 500 亩，生均教学行

[①] 教育部关于印发《普通高等学校基本办学条件指标（试行）》的通知［EB/OL］.（2004-02-06）［2017-3-15］.

[②] 教育部关于印发《普通本科学校设置暂行规定》的通知［EB/OL］.（2006-9-28）［2017-3-15］.

政用房面积最低要求为 8 平方米。但是衡水学院自升本以来，校园占地面积一直维持在 480 多亩的状态。生均教学行政面积 2012 年之前一直维持在 8 平方米限制招生标准。由于办学空间有限，该校的招生规模明显低于全国和省内同类高校（图 3-1）。图中数据显示，在 2012 年前，该校生均规模一度高出全国本科高校生均规模，2012 年开始，该校启动了迎接教育部普通本科高校教学工作合格评估工作，由于占地面积不足，不得不降低了招生计划，学生规模降低至 1.2 万人左右。尽管如此，在 2014 年 12 月的教育部专家组合格评估反馈会上，专家组一致认为，该校办学空间不足，严重制约学校进一步发展，强烈建议市政府给予解决。在这种情况下，学校积极与市委、市政府沟通对接，衡水市委、市政府领导召开市委常委会议，专题研究了该校的校园占地问题，最终决定在衡水湖滨湖新区划拨 2050 亩规划建设用地，建设衡水学院

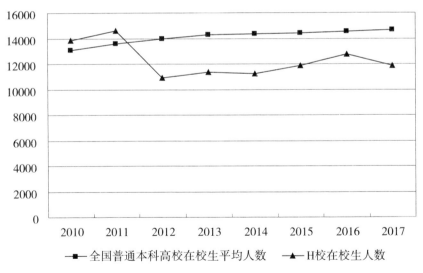

图 3-1　H 校在校生与全国普通本科高校在校生平均人数

注：全国普通本科院校在校生平均人数根据 2010—2017 年全国教育事业发展统计公报统计。

滨湖新校区，并列入 2018 年"3 个 10"市政基础设施重点工程。目前一期工程已经竣工，二期工程已经开工建设，由此，该校长期办学空间不足的问题得以解决，为学校转型发展奠定了坚实的基础。

（二）加大经费投入力度

过去我国财政性教育经费投入长期持续偏低是不争的事实。尽管早在 1993 年就提出要在 2000 年实现国家财政性教育经费占 GDP 4%的目标，但推至 2012 年才实现（图 3-2/表 3-1）。据统计，在国家财政性教育经费投入上，目前世界平均水平为 7%左右，其中发达国家达到9%左右，经济欠发达的国家也达到 4.1%①。

尽管国家对教育的投入比例达到了 4%的目标，但投入的一半用于义务教育（2017 年占 52.8%，高等教育仅占 26.1%②）。说明投入结构失衡，高等教育投入依然吃紧。有学者指出，河北省财政投入本来就多年不足，再加上国家中央财政对河北省高等教育投入较少③，致使地方本科高校获得的财政投入更加寥寥可数。为确保教育财政投入，教育部普通高校本科教学工作合格评估要求地方政府严格按照《财政部教育部关于进一步提高地方普通本科高校生均拨款水平的意见》（财教〔2010〕567 号）生均 1.2 万元标准拨款，否则将不能申请评估。衡水市政府为确保学校能顺利通过合格评估，加大了教学经费投入力度，主动为学校化解债务，从 2012 年开始确保学校生均拨款不低于 1.2 万元标准。对于经济欠发达、财政收入偏低的衡水市而言，能加大高等教育

---

① 乔春华. 4%目标实现后建立教育经费稳定增长机制研究［J］. 会计之友，2014（1）：92-97.
② 教育部. 2017 年全国教育经费总投入为 42557 亿元［EB/OL］. 搜狐网. 2018-05-09.
③ 秦志飞，张雪雁. 河北省高等教育财政投入机制的构建与完善［J］. 石家庄铁道大学学报（社会科学版），2014（2）：11-14.

投入，实属难能可贵。

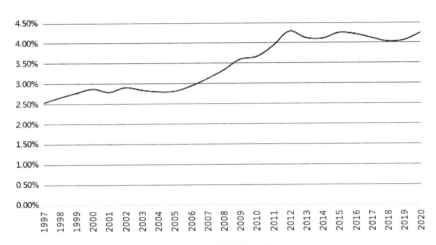

图 3-2　全国教育财政性投入比例

注：本图数据根据教育部历年全国教育经费执行情况统计公告数据整理

表 3-1　国家财政性教育投入占国内生产总值比例

年份	国家财政性教育投入（亿元）	国内生产总值（亿元）	比例
1997	1862.54	73797	2.52%
1998	2032.45	76614	2.65%
1999	2287.18	82718	2.77%
2000	2562.61	89404	2.87%
2001	3057.01	109655	2.79%
2002	3491.4	120333	2.90%
2003	3850.62	135823	2.84%
2004	4465.86	159878	2.79%
2005	5161.08	183868	2.81%
2006	6348.36	216314	2.93%
2007	8280.21	265810	3.12%
2008	10449.63	314045	3.33%

年份	国家财政性教育投入（亿元）	国内生产总值（亿元）	比例
2009	12231.09	340903	3.59%
2010	14670.07	401513	3.65%
2011	18586.7	473104	3.93%
2012	22236.23	519470	4.28%
2013	24488.22	595244	4.11%
2014	26420.58	643974	4.10%
2015	29221.45	689052	4.24%
2016	31396.25	746395	4.21%
2017	34207.75	832036	4.11%
2018	36995.77	919281	4.02%
2019	40046.55	986515	4.06%
2020	42908.15	1013567	4.23%

注：本表数据根据教育部历年全国教育经费执行情况统计公告和国家统计局历年国民经济和社会发展统计公报整理。

（三）支持校内机构调整

我国高等教育管理体制僵化，尤其是学校管理机构设置和管理干部指数，长期受制于地方政府编办机构的控制，致使高校成为政府的附庸。为释放高校办学活力，国家从政策和法律层面，积极推进"放管服"改革，修改高等教育法，落实高校办学自主权。如新修订的《中华人民共和国高等教育法》第三十七条规定，高等学校根据实际需要和精简、效能的原则，自主确定教学、科学研究、行政职能部门等内部组织机构的设置和人员配备[1]。2017年，教育部等五部门出台《关于

---

[1] 全国人民代表大会常务委员会. 中华人民共和国高等教育法 [EB/OL]. 中国人大网. 2015-12-28.

深化高等教育领域简政放权放管结合优化服务改革的若干意见》，允许高校自主内设机构，鼓励高校推进内设机构取消行政级别的试点，管理人员实行职员制①。在此背景下，根据学校实际情况，本着理顺工作关系，强化管理服务，提高办事效率的原则，在 2017 年年底，衡水学院新一届领导班子自主调整了内部机构设置和人员安排，在原有 17 个职能部门、教辅单位基础上，又增设了审计处、国有资产管理中心、发展规划中心、教育教学质量监控与评估中心、科技成果转化中心、教师发展中心、创新创业就业指导教育中心、董子学院、党校和河北湿地中心等职能教辅单位，并发布了各个机构的职责。通过调整和增设新机构，进一步理顺校院二级管理体制，推动学校优化教育管理水平，提高质量，办出特色。这一做法已经获得了衡水市政府的支持和批准，报河北省相关部门备案。

（四）重视人才培养引进

师资是高校的第一人才资源，也是学校转型发展的关键因素②。在《转型意见》征求意见稿中，要求加强"双师型"教师队伍建设，使"双师型"教师占专任教师的比例逐步达到 50% 以上③。在《转型意见》正式稿中，虽然对"双师型"教师没有数量比例的要求，但是突出了"双师双能型"教师队伍建设，要求试点高校积极引进行业公认专才，聘请企业优秀专业技术人才、管理人才和高技能人才作为专业建设带头人、担任专兼职教师，并有计划地选送教师到企业接受培训、挂

---

① 教育部等五部门. 关于深化高等教育领域简政放权放管结合优化服务改革的若干意见 [EB/OL]. 中华人民共和国教育部. 2017-4-6.
② 董洪亮. 地方本科院校怎样转型 [N]. 人民日报，2014-5-15（018）.
③ 教育部. 关于地方本科高校转型发展的指导意见（征求意见稿）[EB/OL]. 招生就业人脉平台. 2015-11-17.

职工作和实践锻炼①。衡水学院鉴于本校师资队伍专业实践薄弱，在政府的支持下，根据《衡水市中长期人才发展规划纲要（2010—2020年）》精神，近几年先后出台了《"双师型"师资队伍培养实施办法》《关于教师赴企事业单位挂职锻炼的实施意见》《关于引进高层次人才暂行办法》《关于引进的高层次人才专项考核暂行办法》《关于专任教师"三年培训工程"实施方案》等文件，积极鼓励教师利用寒暑假到行业企业实践锻炼，到高校进修，提高专业实践能力，对引进的各类高层次人才给予优厚的待遇和工作条件。

（五）成立战略合作联盟

《转型意见》指出，要积极争取地方政府、行业企业支持，通过建设协同创新中心、工业研究院、创新创业基地等载体和科研、医疗、文化、体育等基础设施共建共享，形成高校和区域经济社会联动发展格局②。2017年12月，《国务院办公厅关于深化产教融合的若干意见》（国办发〔2017〕95号）出台，要求用10年左右时间，形成教育和产业统筹融合、良性互动的发展格局。鼓励区域、行业骨干企业联合职业学校、高等学校共同组建产教融合集团（联盟），带动中小企业参与，推进实体化运作③。在衡水市科技局的主导和学校倡导下，2015年组建了"衡水市政金产学研战略合作联盟"，在合作联盟的基础上，近年来，该校先后与恒润集团有限公司、衡水新光化工有限责任公司就成立

①　教育部 国家发展改革委 财政部. 关于引导部分地方普通本科高校向应用型转变的指导意见〔EB/OL〕. 中华人民共和国教育部. 2015-10-23.
②　教育部 国家发展改革委 财政部. 关于引导部分地方普通本科高校向应用型转变的指导意见〔EB/OL〕. 中华人民共和国教育部. 2015-10-23.
③　教育部关于地方本科高校转型发展的指导意见（征求意见稿）〔EB/OL〕. 招生就业人脉平台. 2015-11-17.

产学研联盟，开展了项目联合攻关、成果转化和人才交流等方面的合作①；与河北省农林科学院旱作农业研究所以及衡水市农牧局成立了衡水市农科教联盟，建立了农学院。与中国建设银行衡水分行缔结战略合作关系，共同建设"智慧校园"，在信贷融资、校园一卡通、现金管理、个人金融等多个领域开展合作②；与衡水市桃城区政府签订战略合作协议，谋求在学科专业建设，实习实训和创新创业基地建设，"双师型"师资队伍建设，人才培养、交流与合作，教学资源、仪器设备和图书资料等资源共享，特色小镇、大中型企业和产业转型发展，科学研究和智库合作与建设，科技成果转化、众创空间、创业孵化园等诸多领域中合作③。下一步，该校将与衡水各县政府签订全面合作战略协议，届时该校的合作空间，服务地方的力度将实现空前提升。

衡水市作为一个经济欠发达中小城市，高等教育资源薄弱，只有一所本科院校。这所本科院校在市政府的大力支持下，坚持"进步教育"办学理念，秉持"守正出新"校训，发挥"自主自强"学校精神，从2004年升本建校，到2008年获得学士学位授予权，到2014年全票通过教育部本科教学合格评估，再到2016年获得硕士点建设单位，一步一个脚印，扎扎实实，围绕地方社会发展，走出了一条"立足地方办大学，服务社会谋发展"的道路。经过多年的实践探索，在2015年12月24日该校召开的一届五次全会上，旗帜鲜明地提出了用两个五年规划时间把学校建设成为特色鲜明的应用技术大学的奋斗目标。

---

① 衡水学院科研处. 我校与恒润集团有限公司、衡水新光化工有限责任公司就成立产学研联盟举行洽谈会［EB/OL］. 衡水学院.（2016-7-5）［2018-08-9］.

② 衡水学院办公室. 我校与中国建设银行衡水分行缔结战略合作关系［EB/OL］. 衡水学院. 2017-6-29.

③ 衡水学院办公室. 衡水学院与衡水市桃城区政府签订战略合作协议［EB/OL］. 衡水学院. 2018-7-14.

衡水市政府高瞻远瞩，奋发有为，将衡水学院作为衡水市创新发展的科技支撑、智力保障基地和文化引领中心，从政策倾斜、资金投入、人才引进、项目分配等方面大力支持该校发展，为该校规划2050亩新校区，确保生均1.2万元拨款，将政府的很多项目交给该校承担，充分表明了对这所学校的信任与厚爱。

通过衡水学院的发展概况和衡水市政府对该校的支持，可以初步得出两点结论：一是地方本科高校转型发展离不开当地政府的支持，建立新型的政校关系尤为关键；二是地方本科高校转型发展不是"独角戏"，应积极与地方政府沟通，争取地方政府的理解和支持，在人才培养、师资队伍建设、校企合作、服务社会等方面抢抓机遇，不断努力，定能获得政府和社会的认可。

第四章 地方政府在高校转型治理中的问题及对策

第一节 地方政府在高校转型发展中存在的问题及成因

一、地方政府在高校转型发展中存在的问题

（一）缺乏转型发展顶层设计的宣传引导

思想是行动的先导。可喜的是，衡水市将"支持学校向应用技术型高校转型发展"写进了衡水市国民经济和社会发展第十三个五年规划纲要①。但是如此重大的市政顶层设计，该校很多教师却不知情。就像有的专家说的那样，高校虽在地市，反而不识庐山真面目②。衡水作为京津冀协同发展中的重要节点城市，转移来的企业也多是与地方政府

---

① 衡水市发改委. 衡水市国民经济和社会发展第十三个五年规划纲要［EB/OL］. 衡水市人民政府. 2018-3-14.
② 杨农. 转型需要校企合作 转向还须"政校合辙"［N］. 人民政协报，2015-8-12（009）.

签订合作协议，而学校中的教职员工熟悉并理解地方政府的京津冀协同发展战略的人较少，熟悉企业与地方政府间的合作协议内容的人更少①。本研究开展的对衡水学院转型发展问题调查结果显示，有92.98%的教师支持学校转型发展，但其中只有26.75%的教师非常了解所学专业一线的实际情况。这说明学校的转型发展得到了绝大部分教师的支持，但对专业对应的行业企业实际情况缺乏了解。因此，加大衡水经济、文化、科技等基本情况的宣传是急需要做的事情。

（二）缺乏高校师资与企业员工互派渠道

《转型意见》要求，聘请企业优秀专业技术人才、管理人才和高技能人才作为专业建设带头人、担任专兼职教师，有计划地选送教师到企业接受培训、挂职工作和实践锻炼②。这是培养或弥补双师双能型教师最有效的办法。尽管学校出台了《"双师型"师资队伍培养实施办法》《关于教师赴企事业单位挂职锻炼的实施意见》，也给予了实施，但通过对主管此项工作的人事处负责人的访谈得知，该校双师双能型教师的认定主要有四个方面：一是获取双职称，即在高校教师系列中级职称基础上，再获得工程师职称即可；二是双证书，即在高校教师资格证基础上，再考取专业相关的职业资格；三是行业企业背景，即三年内累计有半年行业企业锻炼；四是应用研究成果，即有两项研究成果被应用采纳。双师双能型教师培养主要是为了让教师具备专业实践指导能力，但目前工程师职称、行业资格和应用研究成果都可以通过理论考试或写文章完成，唯一具有实际价值的行业企业锻炼却无人组织，而考试或写文

① 张应强. 地方本科高校转型发展：可能效应与主要问题 [J]. 大学教育科学，2014（6）：29-34.
② 教育部 国家发展改革委 财政部. 关于引导部分地方普通本科高校向应用型转变的指导意见 [EB/OL]. 中华人民共和国教育部. 2015-10-23.

章都是教师的个人行为，其真实锻炼过程很难监督。因此，需要政府牵线搭桥，出台政策或搭建校企员工互派、互通平台，真正实现在校企合作中提升教师专业实践能力。

（三）缺乏院校转型发展的配套政策

《转型意见》强调，加快推进配套制度改革，支持地方制定校企合作相关法规制度和配套政策。① 目前，尽管绝大部分省（区、市）都出台了转型实施意见或方案，但《转型意见》要求的高校分类管理，应用型高校设置与评估标准，产教融合、校企合作，双师双能型教师队伍建设，经费倾斜等配套政策却迟迟未能出台，这无疑捆绑了地方本科高校的手脚。衡水市政府主导组建了"政产学研金产学研战略合作联盟"，但是根据对该校科研处一位负责人的采访得知，平台搭建了，却很少有"登台唱戏"的。协议签署了，大部分却没有了下文。说明衡水市政府还需要加大平台建设力度，出台系列配套政策，提高企业和社会参与院校转型发展的积极性。

（四）缺乏教学经费投入的长效机制

有专家指出，地方本科高校转型发展对教学硬件设施建设有很高要求，硬件建设投入大，教学成本高。② 更有专家表示，应用型大学的教学装备费用要比其他大学昂贵得多，一般要多 2~3 倍③。现在中央实行"以奖代补"政策，衡水市近几年加大了对衡水学院的投入，该校每年能得到中央奖补资金，通过对该校财务处负责人访谈得知，2017 年该

---

① 教育部 国家发展改革委 财政部. 关于引导部分地方普通本科高校向应用型转变的指导意见［EB/OL］. 中华人民共和国教育部. 2015-10-2.
② 张应强. 地方本科高校转型发展：可能效应与主要问题［J］. 大学教育科学，2014（6）：29-34.
③ 郑国强. 创建面向 21 世纪的新应用型大学［J］. 高等教育研究，1999（5）：93-95.

校得到中央奖补资金 3120 万元，衡水市教育事业拨款 1300 多万元，生均经费超过了国家规定的 1.2 万元的要求。但是当问及学校教学经费存在的问题时，该负责人却面带难色地说："我觉得主要有两个，一个是校内资金分配不合理，去年衡水市政府将两所中专实质性合并到本校，几乎没有学生，只有 400 多教师，使教职工费用大幅增长，占校内资金的近 70%；二是衡水市财政拨款随机性强，没有政策保障，缺乏比较稳定的长效机制。"

（五）地方政府对学校管理放权不够

有专家认为，地方本科高校转型发展，要改变政府独大、大包大揽，并且不计改革成本、缺乏责任追究意识的惯性思维，需要确立从高等教育管理走向高等教育治理的现代政府观念。[①] 在当前中央实施"放管服"改革，全面实施新修订的《中华人民共和国高等教育法》的背景下，衡水市政府高度重视衡水学院转型工作，建立"督查、抽查、互查"的"三查"制度，倒逼责任落实，确保整改到位。但经整理访谈内容可知，衡水市政府对该校师资编制、岗位设置、职称评聘、年度考核等方面管制依然很紧。

二、地方政府在院校转型发展中问题的成因分析

（一）主观认识不到位

习近平强调，全面深化改革是立足国家整体利益、根本利益、长远利益进行部署的，要注意避免合意则取、不合意则舍的倾向，破除妨碍

---

① 张应强. 从政府与大学的关系看地方本科高校转型发展［J］. 江苏高教，2014（6）：
6-10.

改革发展的那些思维定式。① 政府尤其是地方政府长期对高校的干部选用、教育拨款、日常行政、教学与学生工作等方面进行全面管理，已经形成了惯性思维。政府宏观管理、高校自主办学的理念转变为行动需要一个过程。衡水学院升本前是一所完全由衡水市政府管理的专科学校，升本后，学校领导的任命、日常行政、专业设置、教学改革、学生管理、招生就业、教学评估等方面的管理权限多归属于省级相关部门，市级职能部门难免不太适应。地方本科高校转型发展是国家近几年提出的政策，关于转型的内涵仍在研究中，应用型院校应具备的特征、标准和建设路径等问题都在讨论和探索中，再加上国家和省级政府对转型的政策细化不够，导致市政府对高校转型发展认识不深。此外，衡水市政府尽管让该校承担了许多项目论证研究工作，但是在新能源、新材料、生态环保等高新技术项目研发上还依然委托中国科学院、京津等"双一流"高校，说明对该校的办学实力信心不足。这种认识上的思维定式一定程度上会导致管理上的越位和错位等行为。

（二）经济发展欠发达

衡水市是一个平原城市，以农业为主，地矿资源缺乏，工业基础薄弱，国有大型企业数量少，经济总量常年徘徊在全省 11 个地级市的末位，甚至低于县级市水平，如唐山遵化市等。直到 2016 年，衡水市凭借固定资产投资拉动和第三产业的持续快速发展，经济总量突破千亿元，超越秦皇岛市，上升到第 10 名，从而摆脱了全省垫底的现状（表4-1）。

---

① 习近平：完善和发展中国特色社会主义制度 推进国家治理体系和治理能力现代化 [N].人民日报，2014-2-18（001）.

表4-1　2015年河北省各市生产总值一览表

城市	唐山	石家庄	沧州	保定	邯郸	廊坊	邢台	张家口	承德	衡水	秦皇岛
生产总值/亿元	6354.87	5927.73	3544.68	3477.13	3361.11	2720.46	1975.75	1465.99	1438.57	1420.18	1349.35
排名	1	2	3	4	5	6	7	8	9	10	11

注：本表数据来自2017年河北省统计局经济年鉴。

可见，衡水市经济薄弱，增长缓慢乏力，总体实力不济，注意力集中在跑项目、招商引资等方面，必然影响着对教育的投入水平。

（三）管理机制不协调

我国普通高校的主要业务属于教育部高教司、省教育厅高教处、市教育局高教科等垂直管理，而我国的职业高校则主要由教育部职成司、省教育厅职成处、市教育局职成科来垂直管理，职业高校与行业企业本身具有天然的联系，校企合作、产教融合做得要好于普通高校。学校转型后，身份将多样化，集普通教育、职业教育和成人教育于一身，必然要与更多的政府部门打交道。比如，要打通校企员工互通渠道，建立校企合作平台，实施产教融合，必然会涉及市发改委、人社局、科技局、教育局、工信局、财政局、税务局等部门，还会受到《中华人民共和国教育法》《中华人民共和国劳动法》《中华人民共和国职业教育法》等有关法律法规影响。在当前各部门属地管理、条块分割的情况下，如果政府不出面总体协调，只靠学校到处跑办，是很难办成的。

小结

地方本科高校转型发展不是教育部一个文件就能推动成功的，这是一个牵一发而动全身的复杂的综合改革系统。由于国家层面尚未明确我国高校的具体分类，对应用型大学缺乏权威界定，也未出台应用型院校具体的设置标准、评估标准，致使各级地方政府在政策实施上迷茫彷徨。说明国家层面在制定政策时没有充分考虑清楚后续的改革难度，如各部门管理机制的协调问题等。尽管如此，我国各级地方政府没有"等、靠、要"，还是发挥了自身积极主动性，统筹和支持地方本科高校转型发展。通过本章阐述可知，衡水市政府尽管近几年在教育事业性拨款方面足额到位，但这对于应用型高校的建设来说还远远不够，说明其对地方本科高校转型发展的真正内涵和意义比较模糊，在配套政策上比较滞后，在校企合作的协调和推动力度上有待进一步加强。因此，经济基础薄弱虽然是客观现实，但是"信心比黄金更重要"，地方政府应该充分认识到地方本科高校转型发展对地方经济社会的贡献，坚定信心，全力支持地方本科高校的转型发展。

第二节　地方政府对本科高校转型治理的对策

一、提升政府的高校转型认识

（一）厘清政府与学校之间的关系

有学者认为，从高等教育治理现代化的视角看，新建地方本科高校转型发展的核心就是构建学校、政府、社会新型关系。构建这种新型关系的关键在于科学、合理界定学校、政府、社会的权力与责任。① 也就

---

① 王者鹤. 新建地方本科院校转型发展的困境与对策研究——基于高等教育治理现代化的视角 [J]. 中国高教研究，2015（4）：53-59.

是说，引导地方本科高校向应用型转变的过程，其实也是重塑政府与学校关系的过程。当前无论是推行政府治理能力和治理体系现代化，还是放管结合，优化服务，抑或是管办评分离，在教育管理体制上，都明确指向一个目标，就是政府宏观管理，高校自主办学，社会积极参与，厘清政府与学校关系。因此，地方政府应响应国家改革要求，自觉转变角色，实现从"全能"政府到"有限"政府的高等教育职能转变，从"管制"走向"服务"的政府角色转变，积极、主动地构建与地方高校转型发展制度环境相适应的服务型政府①。当然，政校分开并不是政府完全放手不管，而是要自觉遵守《中华人民共和国高等教育法》对高校办学自主权的规定，尊重高校办学章程，遵循高等教育规律，站到更高层面，对学校实施宏观管理。对于应该由学校自己做主的权力该放就得放，对于学校自己能做好的事就不要插手去管，如机构设置、专业设置、教学改革、科学研究等。地方政府需要做得更多的是运用法律、政策、财政、监督和评估等手段，对地方本科高校的发展进行方向和质量把关。

（二）明确本科院校转型的意义

地方本科高校向应用型转变不是无中生有的事情，实际上从 1999 年开始，随着一批批专科学校升格为本科院校，就已经开始了理论和实践探索。《国家中长期教育改革和发展规划纲要（2010—2020 年）》中提到，高等教育要适应国家和区域经济社会发展需要，建立动态调整机制，不断优化高等教育结构。重点扩大应用型、复合型、技能型人才培养规模。建立高校分类体系，实行分类管理。引导高校合理定位，克服

---

① 钱志刚，刘慧. 从管制走向服务：地方高校转型发展中的政府角色［J］. 教育发展研究，2015（21）：1-6.

同质化倾向①。

2013 年年初，教育部时任副部长鲁昕在上海、河南等多地调研后指出，地方本科高校转型得到了地方政府、教育行政部门、行业企业、高校和研究机构的广泛共识。2014 年 2 月，李克强总理在国务院常务会议上明确提出，要引导一批普通本科高校向应用技术型高校转型。随后在 2015、2016 和 2017 年的政府工作报告中都提到了引导和推动本科院校转型，再加上转型相关文件的发布，充分说明转型已经得到国家政府的认可，引导地方普通本科高校向应用型本科院校转变，是党中央、国务院为构建现代职业教育体系做出的重要决策部署。

地方本科高校转型发展不仅是调整高等教育结构的需要，更是国家提高竞争力的助推器，也是打造中国经济升级版的需要②。时任教育部部长袁贵仁在第十二届全国人大第四次会议的记者会上说，转型发展就其本质来说，是中国高等教育供给侧的结构性改革。因此，地方政府应从适应和引领经济发展新常态、服务创新驱动发展的大局出发，切实增强对转型发展工作重要性、紧迫性的认识，摆在当前工作的重要位置，以改革创新的精神，推动部分普通本科高校转型发展③。

（三）转变对地方本科高校的角色认识

当前，我国地方本科高校占据了本科院校大半壁江山，为高等教育大众化、普及化做出了巨大贡献，但是有学者指出，地方本科高校也存在多重忧患：办学定位千校一面，学科专业多而无特色，学生实践动手

---

① 国家中长期教育改革和发展规划纲要工作小组办公室. 国家中长期教育改革和发展规划纲要（2010—2020 年）[EB/OL]. 中华人民共和国教育部. 2010-7-29.

② 马培华. 以改革创新的精神引领推动地方本科院校转型发展 [J]. 教育与职业，2016（9）：5-7.

③ 教育部 国家发展改革委 财政部关于引导部分地方普通本科高校向应用型转变的指导意见 [EB/OL]. 中华人民共和国教育部. 2015-10-23.

能力弱，重学轻术从而服务地方能力差。① 这种情况确实是我国地方本科高校普遍存在的问题，再加上广大地方本科高校向应用技术类型转型，让地方政府误认为是举办本科职业教育，被降级了。本来一些地方政府对职业教育就很轻视，甚至漠不关心②，这下对转型高校就更加轻视了，许多项目宁可花大价钱请名校专家做，也不相信地方高校的实力。其实，这些院校在地方特色文化的挖掘、保护和传承方面，是任何一所研究型大学所不可比的。如衡水学院搭建了地方文化名人董仲舒思想研究交流平台，在学报开设"董仲舒与儒学研究"专栏，发表了大量国内外名家著作，文章多次被国际儒联网、中国社会科学网、人大复印报刊资料、《高等学校文科学术文摘》等转载或转摘。该校还举办了多次"中国·衡水董仲舒与儒家思想国际学术研讨会"等高端国际学术会议，也得到了人民网、光明网、光明日报客户端等多家媒体报道。此外还有邯郸学院的太极文化研究、安阳师范学院的殷商文化研究、保定学院的白洋淀文化研究、黄山学院的徽文化研究、九江学院的庐山文化研究等。非省会地方城市，中小微型企业占据绝大多数，一般科技含量不高，地方本科高校完全有实力和能力承担其项目研发和技术难题的解决，即便是比较高端的技术，地方本院校也可以发挥学科优势，联合攻关，如前文对衡水学院科学研究部分的介绍表明，该校向老白干酿造集团博士后工作站派驻的几位拥有博士学位的教师，都取得了酿造技术专利，对提高白酒的品质发挥了巨大作用。因此，地方政府应放下成见，完全可以相信地方本科高校的实力，将其作为驱动地方经济社会发

---

① 胡程. 地方本科高校转型发展的内在逻辑与价值诉求［J］. 池州学院学报，2015（2）：139-141，144.

② 张莉萍. 地方本科院校转型发展的困境及对策［J］. 教书育人（高教论坛），2015（12）：4-5.

展的引擎，提高全市的科技文化创新能力。

二、制定出台相关转型配套政策

（一）制定应用型高校的设置标准

《转型意见》指出，要建立高校分类体系，实行分类管理，制定应用型高校的设置标准，这就意味着应用型高校在我国将成为一种新的高校类型。应用型高校标准设置的前提是明确应用型高校的内涵，尽管国家层面没有给出具体答案，但国内外专家学者已经多有论述和总结。既有 1997 年联合国教科文组织《国际教育分类法》较为权威的分类[①]，也有国内高等教育专家潘懋元先生的分类[②]。在政策方面，《教育部关于"十三五"时期高等学校设置工作的意见》（教发〔2017〕3 号）指出，以人才培养定位为基础，我国高等教育总体上可分为研究型、应用

---

① 联合国教科文组织鉴于各国教育组织层次结构类型的异同，在 1975 年发表了《国际教育标准分类法》，1997 年做了修订，该分类将整个教育体系分为三级（又细分为 6 小级或 6 个阶段），其中高等教育为第三级，分两个阶段。高等教育第一阶段相当于我国高等教育专科、本科和硕士研究生教育阶段，这一阶段又分 5A 和 5B 两类，5A 有研究型和应用型，所以又分为 5A1 和 5A2。5B 基本是技术型的。5A1 主要为研究或从事高技术要求做准备，学习年限较长，一般为四年以上，并可获得第二学位（硕士学位）证书。5A2 侧重从事应用的专业教育，其中有部分学习年限为 2~3 年。学习内容面向实际，主要目的是让学生获得从事某些职业或行业所需的实际技能和知识。高等教育的第二阶段（第六级）相当于我国高等教育的博士研究生教育阶段，重点进行高级研究。

② 潘懋元等人依据人才的培养类型，结合中国高等教育的实际，将我国的高等学校分为三种基本类型。第一种类型，学术型大学，以学习基础学科和应用学科的基本理论为主，研究高深学问，培养学术人才。第二种类型，应用型本科高校，主要以学习各行各业的专门知识为主，将高新科技转化为生产力（包括管理能力、服务能力），培养不同层次的应用型专门人才，如工程师、医师、律师、教师和管理干部等。第三种类型，职业技术高校，也可以是多科性或单科性的院校，主要以学习各行各业职业技能为主，培养不同层次的生产、管理、服务第一线的技能型人才。

型和职业技能型三大类型。① 究竟什么是应用型大学，学界对其内涵的理解目前仍处于见仁见智的状态，但对于应用型大学应具备的特征却有着公认的普遍认识：学校职能的多样性、人才培养的应用性、服务面向的地方性、科学研究的应用性、专业课程的对接性、师资队伍的双师性、管理体制的开放性。② 关于应用型高校设置标准，浙江省率先在国内出台了应用型本科高校建设评价指标体系，起到了很好的示范引领作用。因此，地方政府应深入国内外高校、行业企业进行调研，厘清研究型大学与应用型大学的本质区别，参照国家相关政策，编制出应用型高校的设置或建设标准指标体系，为地方本科高校转型发展提供参考依据。

（二）制定"双师型"教师的认定标准

从文献看，"双师型"教师是 20 世纪 80 年代中期以来职教界讨论较多的一个概念。首次在政府文件中提出这一概念的是 1995 年《国家教委关于开展建设示范性职业大学工作的通知》，文件提出，专业课教师和实习指导教师应具有一定的专业实践能力，其中 1/3 以上为"双师型"教师。③ 2004 年，教育部在《高职高专院校人才培养工作水平评估（试行）》中首次规定了"双师素质"教师的标准。之后"双师型"教师概念因广泛用于政府的文件中而被定型。可见"双师型"教师一开始并未在地方普通本科高校中产生，但是在《教育部办公厅关于开展普通高等学校本科教学工作合格评估的通知》的附件《普通高

① 教育部. 关于"十三五"时期高等学校设置工作的意见［EB/OL］. 中华人民共和国教育部. 2017-2-4.
② 王守忠. 应用技术大学：社会发展的必然选择——基于衡水学院发展的思考［J］. 衡水学院学报，2016（1）：1-8.
③ 国家教委. 关于开展建设示范性职业大学工作的通知［EB/OL］. 法律快车. 1995-12-19-2-4.

等学校本科教学工作合格评估指标体系》中规定，普通高等学校要有一定数量的具备专业（行业）职业资格和任职经历的教师。① 随后，教育部高等教育评估中心在全国开展了每年一度的全国本科高校教学基本状态数据采集工作，在系统数据项中出现了"双师型"教师概念，并按照高职高专评估方案的解释进行了内涵说明，以做到与合格评估指标体系中的要求保持一致。本次《转型意见》中要求的是建设"双师双能型"教师，主要是在"双师"基础上，突出培养应用型人才的能力和产学研合作能力。② 正如教育部高教司时任司长张大良撰文指出的那样，要建设一支教师资格、工程师资格兼具教学能力、工程实践能力兼备的"双师双能型"教师队伍③。还有人认为"双师双能型"教师应具备五种能力，即理论教学能力、实践教学能力、专题研究能力、技术开发能力和科研成果转化能力，只有同时具备这五种能力才能称得上是"双师型"教师。④ 在国外，德国应用科学大学是世界应用型高校的典范，德国应用科学大学的教师任职资格非常严格，担任实践教学的一般教师必须是职业学校毕业，具有两年以上的实践经验，同时须有经过行业学校培训获得的有关证书。⑤ 担任实践教学的教授则要求条件更高，不仅要求其拥有博士学位，具备扎实的理论及学术研究能力，通常还要求其在科学知识和方法的应用或开发方面具有至少 5 年的职业实践经

---

① 教育部办公厅. 关于开展普通高等学校本科教学工作合格评估的通知（教高厅〔2011〕2 号）［EB/OL］. 教育部高等教育教学评估中心. 2012-1-8.

② 邵光华，晏成步，徐建平. 地方本科高校转型发展研究［M］. 杭州：浙江大学出版社，2017：141.

③ 张大良. 把握"学校主体、地方主责"工作定位 积极引导部分地方本科高校转型发展［J］. 中国高等教育，2015（10）：23-29.

④ 刘汉成. 地方本科院校转型发展的实践探索［M］. 北京：中国经济出版社，2015：242.

⑤ 谷丽丽. 德国职教兼职教师的特点及启示［J］. 教育与职业，2011（25）：100-102.

验。其中至少 3 年在高校以外的领域工作并做出特殊的成绩。① 因此，本研究认为，地方本科高校转型发展所需要的"双师双能型"教师不宜简单套用职业院校"双师型"教师的认定标准，应在准确把握和理解其内涵的基础上，更加突出"双能"，适当参考国内外已有标准，在"双师双能型"教师认定的对象、条件、程序、考核、待遇和管理上尽快制定出台适合地方本科高校特点的认定制度。

（三）制定转型专项经费管理办法

地方本科高校转为应用型院校不仅仅是一个名称的改变，实际上，随着学校办学定位转为应用型，培养应用型高级专门人才，其相应的办学基本条件都应随之转变。无论在实习实训仪器设备上，还是实习实训次数和时间上，都需要投入几倍的资金。此外，在本研究调查问卷中，对"关于教师队伍转型急需学校做的事情"，回答最多的是"派教师多外出考察学习"（76.32%）、"鼓励教师到行业兼职"（64.47%）和"向行业派驻教师，提高实践指导能力"（64.04%）。教师培训和实践锻炼都需要学校加大投入，但是目前我国高校的经费拨款不仅数量少，而且不能如数到位，且使用受限。一项基于全国 27 个省份 86 名地方高校校级领导的调研结果显示，有 9.5% 的院校生均经费标准低于 1.2 万元，还有 14.1% 的院校拨款不能到位。② 另外，政府对高校基本的拨款长期不足，项目经费又只能专款专用，使得高校对高等教育财政投入使用无法进行自主调节，其结果是基本经费长期不足，专项经费使用效率

---

① 徐理勤. 德国应用科学大学（FH）的人才培养模式及其启示 [J]. 浙江科技学院学报，2005（4）：309-313.

② 邢晖，郭静. 经济新常态背景下地方高校转型发展的调查与建议——基于全国 27 个省份 86 名地方高校校级领导的调研 [J]. 重庆高教研究，2015（5）：11-14.

不高。① 根据上述问题，地方政府应实行经费倾斜政策，建立转型专项经费管理办法，提高应用型院校的生均经费标准，改革经费拨款与使用方式。经费的数量可参考国内外做法，如瑞士针对职业本科实践教学要求高、投入大的实际，瑞士政府对职业教育的投资是普通教育的 3 倍。② 在经费的使用上，地方政府应将经费打包拨给学校，具体使用由学校灵活应用，地方政府做好监督即可。

（四）制定转型院校招生相关规定

《现代职业教育体系建设规划（2014—2020 年）》指出，在办好现有专科层次高等职业（专科）学校的基础上，发展应用技术类型高校，培养本科层次职业人才。支持定位于服务行业和地方经济社会发展的本科高等学校实行综合改革，向应用技术类型高校转型发展。建立职业教育和普通教育双向沟通的桥梁。③ 据此，教育部规划司副司长陈锋撰文表示，引导地方本科高校转型发展是为了打通现有教育体系中职业教育的"断头路"的需要。④ 即构建从中职、高职到本科职业教育再到专业硕士、博士层面的现代职业教育体系。《转型意见》则更加明确规定，建立与普通高中教育、中等职业教育和专科层次高等职业教育的衔接机制，适当扩大招收中职、专科层次高职毕业生的比例。积极探索有利于

---

① 秦志飞，张雪雁. 河北省高等教育财政投入机制的构建与完善 [J]. 石家庄铁道大学学报（社会科学版），2014（2）：11-14.

② 杨阳. 从教育政策变迁的角度看地方本科高校转型 [J]. 广东技术师范学院学报，2015（10）：110-113，131.

③ 教育部等六部门. 关于印发《现代职业教育体系建设规划（2014—2020 年）》的通知 [EB/OL]. 中华人民共和国教育部. 2014-6-23.

④ 陈锋. 关于部分普通本科高校转型发展的若干问题思考 [J]. 中国高等教育，2014（12）：16-20.

技术技能人才职业发展的考试招生制度。① 应当说，招收有职业技术学业背景的学生非常有利于培养应用型高级专门人才，但目前转型发展的地方本科高校依然按照国家统一考试招生，生源单一，评价方式单一，招生自主权缺乏。② 而德国、荷兰等国外应用型大学具有科学的招生制度，它们的生源多样，大部分来自中等职业教育，分别为 58% 和 59.6%，对普通中等教育的入学学生，如文理中学毕业生，要求必须具有 3 个月左右与所申请专业一致的实践经历。③ 因此，地方政府应尽快改革转型院校的招生计划和生源结构，制定出台招生制度，在生源结构比例、考试评价、技能和实践经历、学费优惠等方面做出具体规定，从源头上为地方本科高校转型把好关。

（五）制定应用型院校的评估办法

正如本书第二章对地方本科高校转型发展概念的界定那样，转型作为过程具有不确定性，并不必然形成良性的结果。因此，构建适合地方本科高校转型发展的评价指标体系，开展转型质量评估工作就显得非常必要。那么，制定应用型院校的评估办法应考虑哪些方面？本研究认为，一是要广泛借鉴参考国外高校的做法，成立第三方性质的评估机构，如美国成立了"高等教育认证委员会（CHEA）"④，英国成立了"高等

---

① 教育部 国家发展改革委 财政部. 关于引导部分地方普通本科高校向应用型转变的指导意见 ［EB/OL］. 中华人民共和国教育部. 2015-10-23.

② 沈小姣. 转型发展背景下的地方本科高校招生考试制度探析——基于理性选择理论的视角 ［J］. 湖北招生考试，2017（1）：15-20，25.

③ 宋晓欣，闫志利，MULLER RYTLEWSKI M. 德国应用科技大学招生制度特点及启示 ［J］. 中国职业技术教育，2015（33）：73-79.

④ 刘虹. 控制与自治：美国政府与大学关系研究 ［D］. 上海：复旦大学，2010：193.

教育质量保证署（QAA）"①，法国成立了"国家评估委员会"②，德国则有"巴登符腾堡评估机构"③。这些机构对其本国高校的办学绩效、教育质量保障发挥了重要的保障作用。二是评估主体由"一元"向"多元"转变，积极吸纳政府、工商界、高校、社会等各方人士参加。应用型院校相对研究型高校是一个与行业企业联系更密切，更为开放的社会组织，其办学质量、人才评价应更多接受以用人单位为主的社会评价。三是建立学科专业认证制度，确保教学质量。德国目前经国家认证委员会批准的认证机构有 6 个，分别是"质量保障认证机构（AQAS）""鉴定、认可和质量保证研究所（ACQUIN）""汉诺威中央评估和认证机构（ZEVA）""计算机科学、自然科学、数学课程认证机构（ASSIN）""护理和社会工作课程认证机构（AHPGS）""国际行业商业管理认可基金会（FIBAA）"，这 6 个机构负责对德国所有大学乃至国际范围的特定学科专业进行认证。④ 这些认证机构独立于政府，认证程序严谨，认证纪律严格，正是有这样的一种认证传统，德国应用科学大学才获得了"是通过最严格的评估认证机构评估认证的，并且获得较高等级的学校"的美誉。⑤ 四是建立信息公开制度，应定期将转型高校的教学基本状态数据、教学质量和毕业生就业质量报告等公开公示，接受社会公众的监督。因此，地方政府不妨成立转型评估机

---

① 杨继霞. 英国高等教育质量保障体系的发展历程及思考 [J]. 国家教育行政学院学报，2005（8）：91-94.
② 李文兵. 欧洲大学与政府关系的历史考察——以法国和英国为例 [J]. 煤炭高等教育，2015（4）：52-56.
③ 邓泽民，董慧超. 德国应用科学大学研究 [M]. 北京：科学出版社，2017：137-138.
④ 邓泽民，董慧超. 德国应用科学大学研究 [M]. 北京：科学出版社，2017：139.
⑤ 杨荣. 德国"双轨制"应用科技大学对中国高等教育的借鉴意义 [J]. 河池学院学报，2014（4）：75-80.

构，委托社会第三方评估机构研制评估认证办法并开展对转型院校的评估认证工作。

三、做好转型工作的推动协调

（一）做好政府部门职责分工

习近平总书记指出，"我们最大的优势是我国社会主义制度能够集中力量办大事，这是我们成就事业的重要法宝"。① 说明我国现行管理体制具有强大的整合资源的能力。地方本科高校转型发展就是我国高等教育领域中的一件大事，需要在政府的主导下，充分发挥行业企业、社会各界广泛参与的力量。目前绝大部分省（区、市）都已经根据国家的《转型意见》制定出台了本区域的地方本科高校转型实施意见或实施方案，提出了转型的指导思想、总体目标、转型任务和保障措施。如表4-1所示，在这些省份发布的转型实施意见或方案中，大部分省份都按照《转型意见》要求，由各省教育厅、发改委和财政厅组成小组统筹全省的地方本科高校转型发展工作但各部门的职责分工模糊，只有辽宁省以省政府的名义发文，并且在文件中较为具体地规定了各部门职责。除省教育厅主要负责外，省发改委负责充分利用国家和本省财力对高校基础能力建设给予支持；省国资委和省科技厅负责将校企合作项目列入省财政支持企业技术创新资金重点支持范围，鼓励企业在转型高校建立技术转移和创新中心；支持企业在转型高校设立技术创新和培训基地；支持高校与重点企业或产业园区共同建设技术转移和创新中心、技术研发和服务企业、产业技术创新平台，加速高校科技成果在辽宁省转

① 习近平. 在中共中央、全国人大常委会在人民大会堂隆重举行庆祝全国人民代表大会成立60周年大会上的重要讲话［EB/OL］. 人民网. 2016-7-17.

移、转化的步伐。省地税局、省国税局则主要负责对转型高校接受捐赠的实验实习实训设备、从国外进口的先进技术装备按照国家有关规定给予税收优惠；对企业因接收实习生所发生的与取得收入有关的合理的支出，按照税收法律法规的规定在计算应纳税所得额时扣除；对转型高校自办的、以服务学生实习实训为主要目的的企业或经营活动，按照国家有关规定给予税收等优惠。① 因此，希望其他省份能借鉴辽宁省做法，将地方本科高校转型发展放到全省高度，对本省发布的实施意见或方案能进一步细化，出台部门职责分工明确具体的实施方案，制定具体的时间表和路线图。如此，应用转型才不至于落空。

表 4-1　部分省份本科高校转型文件统计

序号	省份	文件名称	时间	责任部门
1	云南省	关于推动部分本科高校转型发展的实施意见	2014-11-13	教育厅、发改委、财政厅
2	河南省	关于引导部分本科高校向应用型转变的实施意见	2016-8-16	教育厅、发改委、财政厅
3	河北省	河北省本科高校转型发展试点工作实施方案	2016-6-30	教育厅、发改委、财政厅、省编办、人力资源厅、物价局、税务局
4	山东省	推进高水平应用型大学建设实施方案	2016-9-13	教育厅
5	山西省	山西省部分普通本科高校向应用型转变试点工作方案（征求意见稿）	2016-7-09	教育厅、财政厅、发改委、人社厅、国资委、经信等部门
6	辽宁省	辽宁省人民政府办公厅关于推动本科高校向应用型转变的实施意见	2015-11-6	教育厅、发改委、财政厅、省地税局、国税局、国资委、省科技厅、人社厅

① 辽宁省人民政府办公厅. 关于推动本科高校向应用型转变的实施意见 ［EB/OL］. 辽宁省人民政府. 2015-11-19.

序号	省份	文件名称	时间	责任部门
7	湖北省	关于在省属本科高校中开展转型发展试点工作的通知	2014-4-28	教育厅
8	四川省	关于引导部分地方普通本科高校向应用型转变的实施意见	2016-3-16	教育厅、发改委、财政厅、经信委、人社厅
9	甘肃省	关于引导部分省属本科院校向应用技术型大学转型发展的通知	2015-7-26	教育厅
10	海南省	关于推动本科高校向应用型转变的实施意见	2016-12-02	教育厅、发改委、财政厅、人社厅
11	广东省	关于引导部分普通本科高校向应用型转变的实施意见	2016-6-16	教育厅、发改委、财政厅
12	浙江省	关于积极促进更多本科高校加强应用型建设的指导意见	2015-7-12	教育厅、发改委、财政厅

注：根据各省教育厅网站收集整理。

（二）推动校企合作产教融合

《转型意见》中多次提到校企合作、产教融合，如发挥政府宏观调控和市场机制作用，推进需求传导式的改革，深化产教融合、校企合作。以产教融合、校企合作为突破口，根据所服务区域、行业的发展需求，找准切入点、创新点、增长点，制定改革的时间表、路线图。建立产教融合、协同育人的人才培养模式，实现专业链与产业链、课程内容与职业标准、教学过程与生产过程对接。① 2017 年 12 月和 2018 年 2 月，国务院和教育部分别出台了《关于深化产教融合的若干意见》《职业学校校企合作促进办法》。这两个文件对地方本科高校转型发展职业

---

① 教育部 国家发展改革委 财政部. 关于引导部分地方普通本科高校向应用型转变的指导意见 [EB/OL]. 中华人民共和国教育部. 2015-10-23.

教育可谓是"及时雨"和"组合拳",很好地弥补了我国高校与企业之间缺乏合作政策依据的空白。这两个文件的出台,必将破解校企合作运行机制不顺畅、合作协议不规范、育人效果不明显等难题,激发行业企业参与职业教育的内生动力。① 地方政府应以这两个文件为契机,结合地方本科高校转型实际,做好宣传和推动工作,一方面细化文件要求,明确部门分工,制订具体实施方案,一方面要在本区域遴选、树立校企合作、产教融合典型,积极参加国家产教融合建设试点。具体做法,国外已有不少成熟的经验,如德国的"双元制"模式、美国的"合作教育"模式、英国的"工学交替"模式、澳大利亚的"TAFE(Technical and Further Education)"模式以及日本的"官产学研合作"模式。这些成功的校企合作、产教融合模式,无不拥有完备的职教法规,是企业的积极参与和政府的积极推动的结果。② 正像前教育部学校规划建设中心陈锋主任所说的那样,地方高校要实现转型发展,必须依靠政府、学校和产业界的紧密合作③。

(三)做好转型试点经验推广

《转型意见》的一个基本思路就是坚持试点先行、示范引领。即按照试点一批、带动一片的要求,充分发挥试点高校的示范引领作用,激发高校转型内生动力活力,带动更多地方高校加快转型步伐,推动高等教育改革和现代职业教育体系建设不断取得新进展。④ 可见,从国家层

---

① 教育部职业教育与成人教育司.《职业学校校企合作促进办法》答记者问 [EB/OL].中华人民共和国教育部.2018-4-28.

② 刘汉成.地方本科院校转型发展的实践探索 [M].北京:中国经济出版社,2015:207-211.

③ 陈锋.地方高校转型发展须依靠政府、学校和产业界的紧密合作 [J].河南教育(高教),2015(1):10.

④ 教育部 国家发展改革委 财政部.关于引导部分地方普通本科高校向应用型转变的指导意见 [EB/OL].中华人民共和国教育部.2015-10-23.

面来说，保持了高度的理性，充分考虑到了转型的艰巨性和复杂性。从各省颁发的本科院校转型实施意见或方案来看，大部分转型试点院校的期限是 5 年，也就是在 2020 年前后，第一批转型试点院校将会接受成效验收。其实，从 1999 年至今，有的地方本科高校转型已经脱颖而出，初露头角，形成了自己的转型模式。如"常熟理工学院"模式①，"合肥学院"模式②，"黄淮学院"模式③和"许昌学院"模式④，它们在办学中坚持走"地方性、应用性、国际性"道路，实施"校企人才合作工程""双百工程""模块化教学改革计划"，在校企合作、产教融合方面成为国内典型，受到国内外领导人的高度赞赏。因此，地方政府在地方本科高校转型发展中应积极发挥新闻媒体、应用型院校联盟等力量，积极宣传报道和总结研究转型发展的经验和成功做法，及时召开经验推广会，交流各转型院校的经验，助推地方本科高校在转型中发展，在发展中提高。

四、加强转型高校的检查评估

（一）实施转型院校定期汇报制度

地方本科高校向应用型转变的改革在我国是史无前例的新鲜事物，没有现成的经验和样板，在各级政府没有明确应用型大学设置或评估标准前，都处在一种自我摸索或模仿他人的状态。因此，建立地方本科高

---

① 朱士中. 一场悄然兴起的教育变革——地方高校转型发展的改革创新实践（三）[N]. 中国教育报，2013-12-16（006）.
② 周飞，储召生，俞路石等. 一所地方高校的转型突围——合肥学院十年建设应用型大学之路 [N]. 中国教育报，2014-4-16（001）.
③ 介晓磊. 破解地方本科高校发展难题 探索应用技术大学办学 [N]. 中国教育报，2014-4-14（012）.
④ 韩家清. 一份地方院校的转型发展报告——许昌学院转型发展探索写真 [J] 河南教育（高教），2014（10）：42-45.

校转型的定期汇报制度十分必要，既可以督促各转型试点院校增强自身动力，持续推进转型发展，又可以为政府提供转型中好的做法，为下一步政策的制定提供参考。建议每个学期末定期汇报一次，因为高校教学采用的是学年学期制，一个学期表示相对完整的一段教学工作的结束，其间的工作会经历"计划—实施—总结"这样一个完整的阶段，如果汇报时间规定为一学年，容易拖沓并导致"最后通牒效应"。汇报的内容可以采取固定模式和随机模式相结合的方式，固定模式可以由地方政府规定几个必须汇报的方面，如工作进展情况、完成的程度、存在的问题及原因、后续采取什么对策等。随机模式则可以随着政府的需求临时增加。如此，才能增强落实党中央、国务院对此项工作部署的紧迫感和责任感。

（二）建立转型院校问责退出制度

本次地方本科高校转型发展是在国家和地方政府的引导和推动下开展的高等教育领域中的改革运动。为此，国家和地方政府也投入了大量的时间、精力和财力，在经过了广泛调研和广泛征求意见后，才开始以试点先行、示范引领的方式推行转型工作。当然，高等教育改革的成效和后果是需要接受实践检验的，改革不一定都是成功的。当改革不能达到预期目标，甚至出现严重失误时，必须要有相应的责任追究机制，对高等教育改革实行责任追究和问责。① 转型发展，政府主导主责，学校主体主动，地方政府为能成功推动转型工作必须建立问责退出机制，实施压力传导机制，防止申报转型试点的地方本科高校出现以下三种倾向：一是"急功近利"倾向，引发各地本科高校转型出现"赶、超、

---

① 张应强. 从政府与大学的关系看地方本科高校转型发展 [J]. 江苏高教，2014（6）：6-10.

比、拼"的无序竞争现象，造成"重速度、轻质量"和"重短效、轻长效"的不利局面；二是"投机主义"倾向，借转型之名进行更名、升格，寻求扩大办学规模，获取教育资源，获得经费支持；三是"脱离实际"倾向，生搬硬套别人的思维理念和道路模式，片面强调专业人才的应用技能和实践技术，从而忽视了本科教育的基础性、长远性和全面性。① 因此，地方政府在推动本科院校转型发展中要建立问责退出机制，坚决刹住上述三种不良倾向，并对相应高校采取约谈问责和退出转型试点的惩罚措施，营造真转型、转型真的良好风气。

（三）实施转型院校定期评估制度

评估是一种价值判断活动。从 1985 年《中共中央关于教育体制改革的决定》提出"教育管理部门要组织教育界、知识界和用人部门定期对高等学校办学水平进行评估"后，我国在 1990 年发布的《普通高等学校教育评估暂行规定》、1995 年《中华人民共和国教育法》、1998 年《中华人民共和国高等教育法》等法律法规中均做出了对高校实施教育监督和评估的规定。从 2003 年开始，教育部正式确立五年一轮的周期性的教学评估制度。根据接受评估的院校反馈，教学评估确实为高校办学条件的改善和教学质量的提高起到了积极的促进作用。② 因此，地方政府应根据应用型院校评估指标体系，委托社会第三方专业教育评估机构，定期实施对地方本科高校转型发展的评估。评估可以根据转型高校的发展阶段采取不同的形式。对于正处于转型试点中的院校可以实施形成性评估，目的是及时诊断存在的问题，分析原因并提出整改措施；对于转型试点到期的院校可以实施终结性评估，目的是对转型工作

① 赵哲，董新伟，李漫红. 地方本科高校转型发展的三种倾向及其规避 [J] 教育发展研究，2015（7）：23-27，62.
② 百所新建院校合格评估绩效报告（摘要）[N]. 中国教育报，2016-4-8（007）.

进行全面判断，甄别优劣，鉴定等级，为地方政府决策提供参考依据。

四、营造良好的转型发展环境

（一）营造适度竞争的发展环境

我国地方本科高校长期在政府的管控下发展，不用担心破产，不用担心教育拨款——尽管很少，其状态就像诺贝尔经济奖得主米尔顿·弗里德曼批评美国当年的公立中小学校一样，如同被自由市场的汪洋大海包围的一个社会主义孤岛①，几乎完全可以忽视市场的作用和力量。这说明我国高等教育严重缺乏面向市场、自主发展的危机意识和竞争机制。地方本科高校转型发展是充分面向社会办学、开放办学的过程转变，地方政府在厘清与地方本科高校的关系和充分放权的基础上，应充分发挥市场在高等教育资源配置和发展中的决定性作用，利用项目管理、质量评估等手段，激发地方本科高校的竞争力和办学活力。具体而言，地方政府在保证地方本科高校转型的基本投入基础上，引入社会第三方力量，对地方本科高校办学资源配置、拨款、教育教学质量等进行客观性评估，根据评估结果实施有差异的投入分配机制，而不是现实中的无序争要和跑"部"进"钱"的方式。这样对于地方本科高校转型发展的自觉性、危机性和竞争性必将产生积极的促进作用。

（二）营造企业积极参与的环境

《转型意见》提出，推动转型发展高校把办学思路真正转到服务地方经济社会发展上来，转到产教融合校企合作上来。字里行间突出一个"真"字，用意很深。多年来，地方本科高校虽然也认识到校企合作对

---

① 米尔顿. 弗里德曼，罗斯·弗里德曼. 自由选择—个人声明 [M]. 胡骑，译. 北京：商务印书馆，1982：157.

人才培养的重要性，也主动与许多企业签订了合作协议，但是合作的形式大于实质。由于学校的公益性和企业的逐利性的本质区别，导致合作不稳定，合作模式单一，合作内容不深入，合作经费难保障或无保障等诸多问题①。校企合作并没有真正的开展起来，虽然其产生原因是多方面的，但政府依然难辞其咎，虽然有些地方政府也出台了一些推动校企合作的文件，但文件中对企业的奖励或减税条文描述模糊，在执行层面又难以兑现和保障，最终导致激励作用不大，未能真正调动企业的积极性②。因此，地方政府应发挥主导作用，营造校企合作的良好环境。一是制定出台具体的校企合作规定，明确企业参与教育的资质、合作经费、税费减免比例、合作效果评价及双方承担的法律责任等，切实调动企业参与学校教育的积极性和主动性。二是搭建校企合作信息平台，促进校企双方信息资源的互通共享，解决校企双方合作信息不对称问题，从而降低校企合作成本。三是加大校企合作监督力度，由各级人民政府教育督导委员会对政府相关部门落实校企合作职责的情况进行督查，发布督查报告，将校企合作由过去凭借人情关系向依法依规方向转变。

（三）营造全社会关注的环境

地方本科高校向应用型转变的初期曾引起某些专家的质疑，认为是降低身份转而去做职业教育，在社会大众的心理上产生了不小的消极影响，再加上受我国"劳心者治人，劳力者治于人"的不良传统文化观念的影响，许多家长和学生看不起职业教育，不愿意到职业院校学习；现实中一些用人单位在招聘员工时也常常将职业院校毕业生拒之门外，

① 曹丹. 从"校企合作"到"产教融合"——应用型本科高校推进深度产教融合的困惑与思考 [J]. 天中学刊, 2015（1）: 133-138.
② 石伟平, 王启龙. 促进校企规范合作 全面推进产教融合——《职业学校校企合作促进办法》解读 [J]. 中国职业技术教育, 2018（10）: 15-18.

造成许多职业院校招生就业越来越困难。因此，地方本科高校转型发展也难免陷入职业院校的困境，地方政府有义务为转型奔走呼号，加大宣传教育力度，尽可能正确引导社会大众、行业用人单位、广大学生及其家长，使其认识到应用型院校是一种教育分类，同研究型大学一样，没有高低层次之分。政府相关工作人员要多深入地方本科高校开展调研，为学校的发展排忧解难，提高学校毕业生的就业率和就业质量，对学生的就业创业情况进行典型报道。大力举办职业技术技能类型的比赛和表彰力度，吸引更多的人关注和参加等，重塑国民对技术技能型人才的认知，强化社会对构建现代职业教育体系的国家政策的认同，在全社会营造尊重劳动、尊重技术人才、树立大国工匠精神的良好环境，调动全民关注和学习职业技能的热情和积极性。

结语

引导地方本科高校转型发展是国家行为，大势所趋，地方政府必须不遗余力地积极配合党中央、国务院将推进地方本科高校转型发展改革进行到底，必须在观念认识上、行动实施上和环境营造上发挥积极作用。关于应用转型，国家层面已经破题，发出号令，画出路径。作为地方政府，省（区、市）级政府的作用主要在于统筹和推动区域高校积极转型发展，制定应用型高校设置标准、"双师双能型"教师认证办法、招生考试规定、经费管理办法、校企合作产教融合实施办法、评估办法等一系列配套政策。而转型高校所在地市政府则应发挥配合和支持作用，切实提高思想自觉，将地方本科高校转型作为地方党委政府的责任，纳入全市的发展规划中去，提高到促进全市科技创新、经济发展、改善民生的高度上来。充分发挥地方政府的组织和保障作用，加大资金支持力度，畅通校企人才交流互通渠道，搭建校企协同创新平台，全力落实国家校企合作、产教融合政策，积极培育校企合作试点，创新校企合作模式，支持鼓励校企共建研发中心、产学研基地、创新创客空间，各级地方政府政令统一，上下联动，密切配合，不断总结交流推广转型高校经验，营造政府主导、高校主体、企业参与、社会关注的良好转型环境。

第五章 企业参与高校转型治理的问题与对策

第一节 企业参与地方本科高校转型治理的问题

一、转型意见对企业参与的内在要求

（一）企业的角色

2018 年，教育部等六部门联合印发了《职业学校校企合作促进办法》（教职成〔2018〕1 号），明确企业在实施职业教育中发挥着重要办学主体作用，校企合作实行校企主导、政府推动、行业指导、学校企业双主体实施的合作机制。这一规定，充分说明有资质的企业应当在人才培养中发挥资本、技术、知识、设施、设备和管理等要素的主体作用。这一规定也打破了人们对于校企合作中企业只是配角的观念，从而引起对企业参与办学的高度重视。

（二）校企合作的内容

1. 企业参与高校治理

《转型意见》指出，要建立学校、地方、行业、企业和社区共同参与的合作办学、合作治理机制。转型高校可以与行业、企业共同组建教育集团，也可以与行业企业、产业集聚区共建共管二级学院。支持行业企业全方位、全过程参与学校管理、专业建设、课程设置、人才培养和绩效评价。我国部分地方转型试点高校在高校治理中成立的校企合作理事会等组织机构就是校企合作治理的典型代表，有的还共同合作举办产业学院、创业学院等。

2. 搭建合作发展平台

《转型意见》指出，转型试点高校要以产教融合、校企合作为突破口，积极争取行业企业支持，建立行业企业合作发展平台。引进企业科研、生产基地，建立校企一体、产学研一体的大型实验实训实习中心。除此之外，学校和企业还可以合作创建并共同管理教学和科研机构，建设实习实训基地、技术工艺和产品开发中心及学生创新创业、员工培训、技能鉴定等机构，以及共同建设互联互通的校企合作信息化平台①。

3. 企业参与学校教育质量评价

学校培养的人才最终都要经过用人单位的使用和评价，才能判断是否合格。《转型意见》指出，鼓励行业企业等第三方机构开展质量评价。当前高校开展的工程专业认证、人才培养目标达成度、学生毕业设计等都可以邀请企业专家参与把关。

---

① 教育部等六部门. 职业学校校企合作促进办法［OB/EL］中华人民共和国教育部. 2018-2-12.

（三）参与高校经费投入

《转型意见》指出，高校要健全多元投入机制，积极争取行业企业和社会各界支持，优化调整经费支出结构，向教育教学改革、实验实训实习和"双师双能型"教师队伍建设等方面倾斜。积极创新支持方式，探索政府和社会资本合作（PPP）等模式，吸引社会投入。企业可以为高校提供项目研发经费、教学科研设施建设经费、实习岗位报酬，也可以成立各种基金，对符合条件的师生进行资助等。

二、企业参与高校治理的问题

（一）参与的意愿不强烈

尽管说试点高校转型发展离不开企业这个亲密的伙伴，需要企业提供资金和场地、设备，让师生进行科研和实习。但现实情况是，很多企业，尤其是中小企业，生产的成本高，利润小，实习生作为非熟练工，不仅会降低生产效率，也会生产出很多不合格的产品，甚至会出现人身安全等问题；对于教师派驻企业搞研发，企业也会担心教师知晓和泄露产品配方等生产和商业机密，这样必然就会造成企业一头冷，学校一头热的矛盾。很多校企合作协议的签署报道，也只是表面文章，是校企双方为了达到某种利益的幌子，只有其名，难有其实。

（二）企业参与的权利有限

我国绝大部分高校属于公益性二类单位，办学体制和管理体制遵循国家统一要求，办学相对封闭，培养的毕业生不包分配，推向市场自主择业，择业比例高低、质量好坏不会影响教师的收入和各级领导干部的职位，造成办学积极性不高的弊端，即使有企业想参与学校人才培养，但在壁垒森严的高校组织体系中，企业很难获得发言权，更不用说决策权，导致校企合作松散，企业的作用得不到充分地发挥。

（三）企业与高校在治理结构中权责不分

在转型试点发展过程中，我国有一小部分高校在校企合作上迈出了一大步，在学校治理体系中，成立了由政府、行业、企业、学生等各方代表组成的学校理事会，多元协同治理学校，这对各个利益相关者来说本是一件非常好的事情，但是由于筹建时间短，没有形成互相平衡、制约的机制，导致从程序上缺乏行业企业参与管理的决策机制，例如在学校重大事项的表决、利益分配、学校领导选聘等方面，行业企业并没有发言权或决策权。行业企业作为地方高校转型最为密切的利益相关者，并未通过制度契约的安排确定互惠共赢、多元共治的关系①。

（四）校企合作的制度壁垒依然存在

校企合作培养人才涉及许多制度因素，如校企人员互派的人事制度，由于转型试点院校绝大部分属于事业单位，教师招聘走的是大中专毕业生路线，而转型发展最需要的是具备行业企业一线经历或背景的企业高工高管，或具有行业实践经历的高校毕业生，但是由于受体制壁垒所阻，学校想要的实践型人才进不来，只能接收一些不想要的理论型人才。此外，有的学校试图通过开展师资培训工程来解决这个问题，但由于费用报销制度和联系行业企业较难等问题，导致很多教师转而到了重点大学去接受为期较长的培训，最终未能实现预期目标。

（五）校企合作的实惠性政策缺乏

尽管我国出台了转型政策和职业学校校企合作促进办法，明确了校企双主体地位，积极鼓励校企开展实质性合作，但是政策的内容，只有

① 袁潇. 地方高校向应用技术型高校转型中的治理结构 [J]. 现代教育管理，2015（6）：12-15.

鼓励性和提倡性的要求，没有对企业的实质利好，即便有提到对校企合作成效显著的企业给予一定的优惠政策的规定，但没有具体的细化条文或配套政策，只能让企业感觉是画饼充饥，华而不实。正像有学者指出的那样，学校转型仅依靠政府、教育部门几个文件是不足以解决问题的①。

第二节　转型高校产学研合作治理对策

我们认为，校企合作促进办法更多的适合中等职业学校和高等职业学校，两者的合作可以大大提高人才的实践能力，主要适用于共同育人、共建机构、共享资源等职业人才培养方面，但是对于本科应用型高校而言，这样的合作显然不够，在强调协同育人、共建机构、共享资源的基础上，必须上升到合作研究，即产学研合作的高度，否则将与职业本科教育没有两样。因此，本节的重点将从国外的视角，介绍不同国家产学研合作经验，从他们的成功做法中为转型试点高校产学研合作治理提供借鉴。

一、国外产学研合作经验

（一）政府普遍制定产学研合作系列法规，为产学研合作发展提供了政策保障

在立法方面，美、日、韩堪称代表。美国早在 1980 年就制定了旨

---

① 王者鹤. 新建地方本科院校转型发展的困境与对策研究——基于高等教育治理现代化的视角［J］. 中国高教研究，2015（4）：53-59.

在促进技术创新和技术转移以及加强科研机构与产业界之间技术转让、人员交流等方面合作的《技术创新法》和旨在保护大学和企业研究机构研究成果的《拜杜法》①，尤其是后者的颁布，使得美国大学开始在科技和经济的互动发展中扮演重要角色。第二次世界大战后，日本非常重视科学技术在经济恢复中的地位，并把"科学技术自立"作为实现"经济自立"的途径之一。1966 年，日本将促进自主技术开发确立为大学与产业合作的目标，1983 年《大学与民间等的合作研究》的出台，则标志着战后日本产学研合作走向制度化。《研究交流促进法》（1986年）和内阁决议《关于产学官以及与外国的研究交流促进的相关制度运用的基本方针》（1987 年）的颁布与实施，使得产学研合作在政策层上得以大力推行②。在此基础上日本政府又陆续出台了《大学技术转移促进法》《产业技术力强化法》《产业活力再生特别措施法》等系列法规，从而确立了日本战后独特的官产学研合作制度体系。20 世纪 80 年代后期，韩国从立法层面开始关注产学研合作促进经济结构转型升级和开发问题，并在 20 世纪 90 年代中后期颁布了《合作研究开发促进法》《科学技术革新特别法》和《技术转移促进法》3 个法律文件，将产学研合作正式纳入法制轨道。③

（二）建立相应的组织机构和中介服务机构，为校企产学研合作提供了强大的组织保障

在立法的基础上，各国还设立了相应的组织和中介服务机构，为产

---

① 宋毅，孙玉. 美国技术创新法及对我们的启迪 [J]. 中国科技论坛，1998（2）：50-52.

② 丁建洋. 从知识本位走向能力本位：大学本质的回归——基于政策的视角看日本大学在产学合作中的特征 [J]. 中国高教研究，2011（8）：72-76.

③ 曹晓蕾. 韩国产学研合作的经验与启示 [N]. 新华日报，2009-9-1（7）.

学研合作提供政策和信息等方面的服务。美国 1980 年颁布的《技术创新法》规定，主要以联邦实验室为规范客体，要求其在校企技术合作中发挥积极作用，并对外发布信息。美国早已拥有比较完备的社会中介服务体系，20 世纪 80 年代初，美国创建了小企业发展中心、中小企业信息中心以及生产力促进中心等科技中介服务机构，专门为中小企业提供全方位服务。其中小企业发展中心目前已形成庞大的全国性网络，受到政府的高度重视。此外，美国主要大学都建有适合各自特点的综合性中间窗口机构，如法律契约事务服务机构和技术转让服务机构等，为产学研合作提供便利。

相比美国，日本则以政府为主导确立了产学官三位一体的科研体系，设立了"富山大学地区共同研究中心""神户大学共同研究开发中心"和"熊本大学地区共同研究中心"3 个国立大学协作研究中心。早在 21 世纪初，日本就开始实施产业群推进计划，以科研机构和大学为依托，与企业有机联系，建立集科研、生产、服务于一体的"科技城"，被人们形象地称为"现代科技的乌托邦"①。

英国的科技中介服务体系综合了美国和日本的特点，既有在政府层面上的组织机构——"企业联系办公室"，主要负责促进当地企业与大学、研究机构以及金融机构等的联系，实现科技成果转化推广，促进知识快速转移，又有私营层面的以盈利为目的的科技中介机构，还有公益性质的科技咨询群体，如英国皇家学会等②。政府组织和社会中介服务机构的存在，为各国产学研合作发展奠定了良好的服务保障基础。

---

① 沈志清. 产学研合作：国外经验与中国实践［J］. 苏州大学学报（哲学社会科学版），2010（6）：56-58.
② 朱善定 张增英. 世界各国产学研合作的经验与启示［EB/OL］. 湖南科技信息网，2009-11-25.

（三）各国产学研合作模式多样且各具特色

美国是产学研合作发祥地，主要有"企业孵化器"模式、高技术企业发展模式和科技工业园区模式；英国产学研合作有联系计划、知识转移合作计划和合作伙伴联盟三种模式；德国产学研合作有"双元制教育"模式、以"市场"为中心模式和"顾问合作制"模式；加拿大产学研合作主要有高校、学生、企业三方合作和教师社会化两种模式；日本产学研合作模式多种多样，有共同研究制度、委托研究制度、委托研究员制度、教育捐赠的财会制度和共同研究中心；韩国产学研合作有产学研共同研究体、委托开发研究、产业技术研究组合、产学研合作研究中心、大学科技园、参与国外产学研合作等模式。上述各国产学研合作模式，不仅形式多样，而且各具特色，行之有效。相对而言，美国产学研合作模式以求全求大、形式多样为主要特点，这与其在国际上所处的政治经济地位不无关系。德国产学研合作模式具有较强的务实性，以高质量的职业技术人才培养为主线进行多方面的合作。加拿大产学研合作模式则将"学"置于十分突出的位置。日本产学研合作模式强调政府行为，实行官产学研一体化合作制度①。

二、国外产学研合作的启示

（一）进一步细化产学研合作政策框架，打破合作各方间的壁垒

到目前为止，我国产学研合作的政策框架基本确立，如《中共中央关于科学技术体制改革的决定》《中华人民共和国促进科技成果转化法》《中共中央国务院关于加强技术创新发展高科技实现产业化的决定》和《中华人民共和国科学技术进步法》等系列法规文件，从产学

---

① 谢开勇. 国外高校产学研合作模式分析 [J]. 中国科技论坛，2004（1）：119-122.

研合作的组织结构，人事制度，合作各方的权利，合作的内容、途径以及资金、设施保障等方面给予了规定和规范，可以说为我国产学研合作奠定了基本的法规框架。但是，同国外相比，我国产学研合作政策还比较分散，不够具体，致使合作各方缺乏系统连贯的对接政策。众所周知，到目前为止我国不仅没有一部专门针对产学研合作方面的法律文件，基本政策框架下也缺乏一系列配套的实施细则、协调监督机制和良性运行机制，致使科技体系条块分割、科技与经济脱节等问题的长期存在，一方面高校或科研机构的科研成果被束之高阁，难以转化为真正的生产力，另一方面生产企业闭门造车，产品科技含量大打折扣。因此，借鉴国外经验，进一步健全和细化我国产学研合作法规政策，打破事实上存在的合作体制壁垒，是促进产学研合作向纵深发展，进一步解放生产力的重要政策基础。

（二）加强产学研合作中介服务体系建设，促进产学研合作良性发展。

当今世界，由于经济全球化发展，科学技术竞争日益激烈，产学研合作主体、合作形式已经变化升级，已从原先的以企业、高校、科研机构为基本主体，扩大到了以政府部门、金融机构、信托机构等为辅助主体，在市场经济条件下按照一定的机制或规则进行结合，形成某种联盟进行合作研发，不断进行知识再生产、知识传递和知识转移，以实现技术创新、人才培养、社会服务、产业发展和经济进步等功能①。也就是说，产学研合作已形成一个集科学研究、技术开发、产品生产、市场推广、险资保障等于一体的产业链，而这个产业链的良性运行既需要政府

---

① 刘力. 政府在产学研合作中的作用透视（上）——发达国家的成功经验 [J]. 教育发展研究. 2002（1）：70-73.

进行宏观调控指导，更需要中介服务机构提供政策、人力、资金等方面的信息服务。但是我国当前产学研合作中介服务机构，尤其是科技成果中介服务机构无论在功能上还是信息服务上，还存在功能单一，信息服务不及时、不准确等弊端，甚至一些中介服务机构缺乏清晰的业务定位和核心竞争力，专业化水平低，无法满足客户的综合要求①。因此，国家一方面应通过评估等手段，促进现有产学研合作中介服务机构规范化，另一方面还应发挥各地科技协会、行业学会、商业联合会等准政府机构在合作各方中的联姻作用和桥梁作用。

（三）因地制宜，走多样化、特色化产学研合作道路

在多年的产学研合作实践中，尽管我国目前已初步形成了若干产学研合作模式，如技术转让、委托研究、联合攻关、内部一体化、共建科研基地、组建研发实体、人才联合培养与人才交流、产业技术联盟等，甚至出现了比较典型的模式如广东省部产学研合作模式、浙江大学模式、上海三区联动模式、中国海洋大学模式、华中科技大学——光谷模式、大连理工大学——软件工业园模式等，一定程度上实现了产学研合作的多样化。但是，我们在仿照国外产学研合作模式的基础上，还未能真正建立起具有中国特色的产学研合作模式。我们认为，主要原因在于政府的主导作用和企业的主体作用还未充分发挥和建立，我国的国情决定了产学研合作应该走政府主导——企业主体模式，但实际上政府的定位不准确，要么是松散型，要么是主控型，"一放就乱，一抓就死"的局面还未彻底改变；企业尤其是国有企业的依赖性有余，自主研发能力不足，企业文化薄弱。这些问题实质上依然是政企关系不顺、定位不准

---

① 周跃，吴瑜，张晓龙. 高校产学研合作的问题与对策［J］. 中国高校科技与产业化，2006（8）：66.

的结果。因此，在不断探索新的产学研合作模式的基础上，我们更应该结合我国实际，注重开辟具有中国特色的产学研合作模式。

《转型意见》指出，建立有地方、行业和用人单位参与的校、院理事会（董事会）制度、专业指导委员会制度，成员中来自地方政府、行业、企业和社区的比例不低于50%。支持行业企业全方位、全过程参与学校管理、专业建设、课程设置、人才培养和绩效评价。积极争取地方和行业企业的经费、项目和资源在学校集聚，合作推动学校转型发展。作为与地方本科转型高校合作的企业或研究机构，应本着求真务实的态度，积极参与地方转型高校理事会、专业指导委员会工作，通过这些决策机构，将企业发展理念、人才需求等信息及时传递给高校，做到互惠共赢、多元共治，充分发挥育人的主体作用。

第三篇
地方本科高校转型发展内部治理

▼

▼

第六章　地方本科高校转型治理结构问题与对策

第一节　地方本科高校转型治理结构存在问题

事物的功能与结构密不可分，有什么样的结构就会产生什么样的功能。事物发展的外部动力只能改变事物的位置和形式，而不能直接影响事物的结构与属性，内部因素才是事物变化的充分必要条件。从我国地方本科高校转型发展这一事物来看，无论是国家领导人的提倡，还是教育部和各省市的引导和推动，都属于外部动力因素，要想使地方本科高校真正转型，必须从学校自身出发，转变治理结构，提升治理能力，才能真转型、转真型、转型真。高校转型与高校内部治理结构优化相伴相生，相辅相成，学校内部治理结构决定着转型的成功与否①。本章就从地方本科高校内部转型治理角度出发，探讨存在的问题，提出对策建议。

---

① 徐正林. 转型高校内部治理结构优化的路径选择——主体性视角［J］. 成都中医药大学学报（教育科学版），2018（01）：95-98.

一、治理结构

结构指组成整体的各部分的搭配和安排。提到治理时，人们常常会想到公司治理，公司治理问题的产生源于现代公司制度建设中所有权与经营权的分离。这两种权力的分离所带来的利益上的冲突就产生了治理问题①。所谓公司治理结构，我国经济学家吴敬琏认为，是指由所有者、董事会和高级执行人员即高级经理人员三者组成的一种组织结构，在这种结构中，上述三者之间形成一定的制衡关系②。根据这个定义，有人认为，大学治理结构包含现代大学制度设计和大学组织性框架及机制，是一个典型的利益相关者组织，并将美国大学的治理结构划分为以董事会为主导的法人治理结构、以校长为主导的大学治理结构和以董事会、校长和教授为核心的共同治理结构三种③。既然大学内部治理结构的一个基本问题是权力的关系或结构问题，那么必然涉及大学的主要权力组织，即学校党委的政治权力、校务委员会的行政权力、学术委员会的学术权力以及教职工和学生代表的民主管理权力四种。这四种权力之间的相互关系和框架安排就构成了大学治理结构。

根据上述对高校治理结构内涵的分析，结合《转型意见》中的规定，建立学校、地方、行业、企业和社区共同参与的合作办学、合作治理机制。转型高校可以与行业企业共同组建教育集团，也可以与行业企业、产业集聚区共建共管二级学院。建立有地方、行业和用人单位参与的校、院理事会（董事会）制度、专业指导委员会制度，成员中来自

---

① 杨晓舟. 公司治理、内部控制与企业风险管理 [M]. 北京：中国财政经济出版社，2006：3-4.
② 吴敬琏. 现代公司与企业改革 [M]. 天津：天津人民出版社，1994：185.
③ 周赣琛，王梓林. 转型与变革：中国高职院校治理结构研究 [J]. 黄冈职业技术学院学报，2012（5）：24-27.

地方政府、行业、企业和社区的比例不低于50%。就可以发现，如果不是转型的需要，地方本科高校内部治理结构依然是封闭的结构且权力之间是严重失衡的状态。

二、转型高校治理结构问题

（一）多元协同治理结构没有形成

应用型大学内部治理更崇尚"应用逻辑"，主张大学要更加多元开放，实现与行业、企业、地方、社区等外部力量的"合作治理"①。也就是形成政府宏观管理、大学自主办学、社会广泛参与的多元共治格局②。转型发展对地方本科高校而言，是一场突破性的改革，也是打破办学相对封闭的状态，面向社会开放的过程。《转型意见》作出的治理结构的要求，目前由于公立学校办学体制机制障碍，建立理事会（董事会）制度还没有得到真正实现，很多高校只是在学术委员会、教学工作委员会中象征性地请几位行业老总参加，做做样子，其作用发挥非常有限。因此，地方本科高校转型成功的前提是地方政府要给学校充分放权，只有充分放权，学校内部治理结构才能顺理成章，否则，只能流于形式。

（二）各种权力结构关系不顺畅

在转型之前，我国高校，包括地方本科高校，其组织结构基本上都是以校党委常委会为代表的政治权力、以校长委员会为代表的行政权力、以学术委员会为代表的学术权力和以教代会为代表的民主管理权力，这四种权力按照决策程度大小依次减弱。我国沿用多年的党委领导

---

① 刘向兵. 变革内部治理结构，推进地方高校转型［N］. 人民政协报，2016-03-30（010）.

② 周光礼. 中国高等教育治理现代化：现状、问题与对策［J］. 中国高教研究，2014（9）：16-25.

下的校长负责制是符合我国国情的领导体制，但是从办学实践角度看，两者之间长期并普遍存在党政不分、职责边界不清，甚至以党代政的问题。由于地方本科高校的学术水平相对较低，与"双一流高校"相比，其组成的学术委员会的学术权力非常薄弱，学术事务的大权或重大决策事宜基本都是由代表党政权力的校领导把控，若校领导学术水平较高，这也无可厚非，否则，就会产生学术权力虚化的问题。此外，学校教职工代表大会本应该是代表广大教职工参政议政的重要组织平台，但这个平台也形同虚设。根据对某校教职工开展的质量文化问卷调查结果显示，有53%的教职工没有提过任何提案，即便是提交提案，一半以上的提案又得不到落实，所以每年的提案越来越少，教职工的话语权日渐式微，教职工代表大会逐渐滑落到学校组织权力的边缘。

(三) 学生的权利被严重忽视

当前，无论是国家新一轮本科教育教学审核评估，还是工程教育专业认证、师范类专业认证，都在强调"学生中心、产出导向、持续改进"这一国际通行理念。说明随着法治社会建设进程的推进，学生的权利越来越受到重视。然而，在转型试点高校，尽管也有学生组织，如学生会、学生社团，学生团委，关工委等，但是这些组织并没有进入学校的核心组织层，学生的诉求被长期忽略。目前学校成立的各种委员会几乎都没有学生代表参加，这在学生选择高校、学生是买方市场的情况下属于严重的治理结构问题。因此，有学者认为，现代高校中的学生影响力在其内部治理结构中没有受到足够的重视。在高校管理越来越民主化的今天，对于学生的影响力应有一个恰当的认识①。

---

① 胡仁东. 现代大学内部治理结构探析——基于影响力的视角 [J]. 现代大学教育，2005 (02)：59-63.

（四）校企合作双方职责不明确

地方本科高校向应用型大学转变，在本质上是要与社会、行业企业开展"合作治理"。《转型意见》指出，转型高校可以与行业企业共建教育集团、共建共管二级学院，建立校、院理事会（董事会）制度、专业指导委员会制度。政策的本意和出发点是好的，但一旦付诸实践，就会产生很多问题。如共建共管二级学院，校企双方合作的共同点是什么，各自承担的责任是什么，双方投入的资产如何界定，由哪一方代表担任董事长或理事长角色，如何保证决策的科学性、执行的有效性等等问题，都需要有明确的合法的规定。以某地方高校为例，该校以浙江一家地产公司作为中介，与乌克兰著名的柴可夫斯基音乐学院开展合作办学，于 2020 年获得国家许可正式办学招生。这本是一件好事，但是由于协议中的职责没有厘清，中介公司因为利益问题在双方取得合作办学资质后没有退出，反而牢牢掌控乌方学院信息，学校不能直接与乌方学院联系，任何大事小情都必须经过中介才能办理，使得合作双方麻烦不断，合作效率低下。这表明任何与行业企业合作办学的模式如产业学院、创新学院等都需要厘清校方与企业之间办学的责、权、利等问题。

（五）监督权力严重弱化

当前，党委的主体责任和纪委的监督责任是党章赋予的重要职责。从党建角度已经非常明确，同样，地方本科高校向应用型大学转变涉及学校多个方面的工作，客观上需要对学校的人、财、物等资源重新配置，为确保利益分配的合理性和利用高效，非常有必要做好各种监督。但目前绝大多数地方本科高校存在监督组织不健全、监督结构不合理、监督能力不强、监督效力不高等现象①。以学生毕业设计为例，学生的毕业设计质量评估客观上要求由行业企业和社会专家参与的学术委员会来承担，但目前这样的委员会并没有真正建立起来，只能单纯由二级学院教师组成的学术委员会包办，监督权明显弱化。

第二节　地方本科高校转型治理结构优化对策

一、问题产生的原因分析

（一）理论原因

我们认为，产生治理结构的种种问题，从理论角度分析，主要可以用路径依赖理论解释。路径依赖理论产生于 20 世纪 70 年代，最早被应用于生物学的研究，1985 年由美国经济史学家保罗·A. 大卫（Paul A. David）将其运用于技术变迁问题的研究后，逐步被运用于社会科学领域。后来经过亚瑟（W. Brian Arthur）和诺斯（Douglas North）的发展，被广泛运用于社会科学领域②。路径依赖理论主要含义指一种组织的初始制度安排一旦形成后，会形成与初始制度安排共生共荣的组织和集团，他们对这种制度有着强烈的需求，总是努力去维护和强化这一制度，使它沿着既定的轨道持续下去③。简而言之，类似于物理学中的惯

① 张彦群. 新建本科院校的转型发展与内部治理结构改革［J］. 天中学刊，2017（6）：138-142.

② 田海洋，张 蕾. 新建应用型本科院校的职业化转型———基于路径依赖理论的视角［J］. 黑龙江高教研究，2016（5）：59-61.

③ 刘颂. 中国民办高校治理结构的转型困境分析［J］. 复旦教育论坛，2008（2）：61-65.

性或我们观念上的思维惯性。大学之所以能够在不改变自身结构基础上，较其他组织尤其是商业组织能存活得更久远，除了她是社会发展和人类生存的永恒需要外，其组织架构、管理制度的稳定性也让工作在其中的领导干部、师生员工产生了无意识认同，导致不敢颠覆传统，只是在传统上修修补补，维系着这架庞大的"机器"勉强的运转，这就是所谓的路径依赖理论的实质。

我国大学经过多次领导体制改革，最终落定在党委领导下的校长负责制，这是适合中国国情的体制，如果一旦成立理事会（董事会），由政府、行业企业、校友等共同参与，民主决策，势必会打破原有管理体制机制，必然会产生管理的不适感和议而不决、决而不断的问题。此外，学术委员会和教职工代表大会以及学生组织提出的问题可能更理想化和学理化，在外部治理环境不好的情况下，单纯通过内部治理很难改变。正如有学者撰文所说，在政治社会结构难以根本改变的情况下，单方面进行大学法人治理结构变革，不可能取得任何成效①。

（二）现实原因

治理与管理只有一字之差，但内涵有很多不同。治理强调协同协商、民主决策、从下到上，追求最大公约数，即满足大所数人的利益和价值需求。管理则强调命令指令、集中统一，从上而下，强调最小公倍数，即最小的投入产生最大的收益。我国地方本科高校一般脱胎于高职高专院校，其中的绝大部分中层管理干部都是专科时期过渡而来的老同志，他们中多数为50后、60后，有的是留校生，有的是地方省属院校毕业，现在有的已经退休，有的将要退休，进入了退职保守期。这批管

---

① 周光礼. 中国高等教育治理现代化：现状、问题与对策［J］. 中国高教研究，2014（9）：16-25.

理干部工作非常敬业，办事认真，但是相对而言，学术研究水平大都不高，眼界不够开阔，对于大学治理习惯于听从上级领导安排，这种状况对学校治理结构优化是非常不利的。而地方本科高校校领导，尤其是学校的主要领导，即党委书记和校长，一般都是从其他省属高校调任而来，他们在办学治校的经验上非常丰富，学术水平上也非常高，因此，担任学校学术委员会主任角色还是非常合适的，必要的，毕竟地方本科高校多数教授的治学水平不够高，治校能力更不专业，必须有一个能把握大局和方向的带头人，这样反而能做到"管""治"充分结合，这对于定位于研究型的高校来说是合适的。对于地方本科高校，培养的目标是应用型高级专门人才，必然要求面向社会开门办学，吸收政府、行业企业、校友等各方利益相关者，成立理事会，共同治理，才能发挥各方优势，把学校办好。也就是说，地方本科高校转型需要从过去封闭性较强的管理结构转向开放性较强的治理结构，这里面涉及人员素质、时机等各种不同现实因素。

二、治理结构的优化对策

（一）试点探索校企共建共管二级学院

在地方本科高校向应用型高校转变过程中，很多高校头脑一热，就开始搞大水漫灌式的整体转型，从顶层设计到制度执行全面倒向应用型人才培养。要知道，人才培养具有唯一性，不可逆性，不像物品可以随时修改，改革一旦失败，将带来不可估量的损失。因此，在学校内部治理结构上要尽可能谨慎一些，采用我国改革开放"摸着石头过河"的成功经验，在校内先选择有意愿、有基础、有条件的二级学院或若干专业，进行试点探索工作，开展校企合作共建共管二级学院、校企合作共建专业等探索，然后总结试点经验，成熟后再大面积推广，做到顺理成章。如现在有不少学校积极响应党和国家"大众创业、万众创新"的号召，贯彻国家创新驱动发展战略，与企业合作，创建创新创业学院。如浙江树人大学的创新创业学院，学院采取"虚拟学院，实体运作"模式，探索建立"全链条式"双创人才培养协同机制。形成课堂教学、自主学习、实战训练、指导帮扶、文化引领互通的双创教育生态链——"五方融通"的培育机制，为学校应用型人才培养提供了坚实的基础①。此外，还有很多转型试点高校根据地方行业特色创办了产业学院和特色专业，如常熟理工学院的汽车工程学院，宁夏大学的葡萄酒学院，黄淮学院的花生产业学院，江西景德镇学院的陶瓷艺术与设计学院，龙岩学院的产业学院等，通过与当地产业龙头企业合作办学，在转型发展的道路上闯出了一片新的天地。

（二）积极理顺各种权力关系

当前我国很多高校将"党委领导、校长负责、教授治学、民主管理"作为学校治理权力的高度凝练。针对学校党委的政治权力与以校长为代表的行政权力之间存在的矛盾，我们认为，两者之间既存在授受关系即党委领导，同时也有身份重叠的关系即党政同责，主要表现为他们都是学校发展方向的掌舵者和重大事项的决策者，尤其是在处理重大事项中会涉及很多行政管理事务，这些事务既有政治属性也有行政管理属性，有时很难区分判断，出现党政不分的情况也是情理之中，关键是如何厘清党政职责边界。如果在学校不转型的情况下是很难分得清的，但是如果学校成立咨询性质的理事会，邀请政府、行业企业、校友等利益相关者参加，共同协商治理，对于一些重大事项的决策，先由理事会

---

① 浙江树人大学. 创新创业学院简介［EB/OL］. 浙江树人大学. 2021-6-14.

讨论形成初步意见，然后再由学校党委常委会做最后决定，这样很多重大事项的职责边界就会清楚的多。或者就如有的教育专家所说的那样，采用"双向进入制度"，即党委常委会的全体成员进入董事会，董事会的关键成员进入党委常委会①。

关于地方本科高校学术权力弱化的问题，我们认为，转型发展院校的科研工作应该瞄准地方经济社会发展需求，开展应用性研究。学术委员会的成员需要改组，建议一方面可以从校外吸纳行业高水平专家，包括具有较强研究能力的企业高工高管，具有一定理论水平的能工巧匠；另一方面可以从校内遴选德高望重、研究和实践能力强的双师型人才，开展学术共治。学术委员会主任可以由全体成员推选，报学校党委会审定，相对独立开展工作，维护学术权威的权利。再者，建立提案督查考评机制，凡是学校教职工代表提交并立案的学校提案，学校督导部门必须定期督办，在年终工作考评中将提案解决的数量和质量纳入计分范围，促使相关部门提高工作效率和工作质量，维护教职工的权利。如此教职工代表大会才能真正成为教职工依法参与学校民主管理和监督的基本形式。

（三）高度重视和尊重学生的权利

近代西方大学有两种管理模式，一种被称为教授治校模式，如法国的巴黎大学，另一种被称为学生自治模式，如意大利的博洛尼亚大学。后者主要由学生主持校务，决定教授的选聘、学费的数额、学期的时限和授课的时数等②。由于学生自治模式会带来很多弊端，如降低大学的

---

① 周光礼. 中国高等教育治理现代化：现状、问题与对策 [J]. 中国高教研究，2014（9）：16-25.
② 钱露，贺国庆. 中世纪博洛尼亚大学学生自治模式探析 [J]. 河北师范大学学报（教育科学版），2013（5）：40-44.

学术水平，这种模式逐渐失去了市场。但是历史的钟摆又走向了另一个极端，即当前大学对学生权利的漠视。地方本科高校在转型治理结构中应充分尊重学生的权利，不仅仅是因为学生是学校存在的最大利益相关者，更重要的是学生是对于人才培养质量最有发言权的群体。习近平总书记强调，要把立德树人的成效作为检验学校一切工作的根本标准①。具体做法建议有以下三个方面：一是在学校党委会、校长办公会、理事会等治理组织中涉及学生利益的会议要积极吸纳学生代表参加，比如欧洲的一些应用技术大学，无论是董事会（理事会）还是校议会、校监会、校企合作委员会，一般都有学生代表参加。如德国威尔道应用技术大学，该校董事会一般由 11 人组成，其中教授代表 6 人，企业代表 2人，学生代表 2 人②。二是教学工作要充分尊重学生的需求和意见。如专业的设置论证除了听取行业专家的看法，还应尊重学生对专业的就业、学费的调整、专业课程选择、制度建设、学生管理等方面的意见。三是要不断开展基于学生成长和满意度的调查反馈工作。如衡水学院教育教学质量监控与评估中心针对 2014 版人才培养方案，连续开展了针对应届毕业生 4 个年度的毕业要求达成度调查，并将调查结果及时反馈到各个学院、专业，对达成度较低的人才培养规格，从课程内容、教学方法等方面进行调整。这一做法不仅尊重了学生的受教育权，也对学校人才培养方案的执行情况进行了把控与反馈，在国内首创，具体思路和做法在学界产生了一定影响。

（四）依法开展校企合作

"开展校企合作，实施产教融合"目前已经成为广大地方本科转型

---

① 《习近平总书记教育重要论述讲义》编写组. 习近平总书记教育重要论述讲义 ［M］. 北京：高等教育出版社，2020：48.
② 张彦群. 新建本科院校的转型发展与内部治理结构改革 ［J］. 天中学刊，2017（6）：138-142.

高校的共识。当前我国正在建设法治国家、法治政府和法治社会，将法治建设提到了前所未有的高度。在高等教育领域，主要体现为依法治教、依法办学、依法治校。因此，应用转型高校要发挥法制办的功能，组织全体教职员工开展相关普法教育工作，采用不同方式学习国家教育法规政策，在与校外行业企业合作办学中，明确合作的目的、双方的权利和义务，前期的投资比例、中期的合作方式、后期的成果转化收益等等问题。教育部发展规划司前任副司长秦昌威认为，在转型期"高校要建立以校企合作治理为特点的内部治理结构，使行业企业全方面深度参与治学，建立对接产业链、创新链的专业治理体系，并研究、落实以先进技术为主的实验、实训、实习制度"①。

（五）强化监督力量

地方本科高校转型治理结构中最薄弱的当属监督权力这一极。缺乏监督必然会使各种权力泛滥，习近平同志关于"笼子理论"的阐述非常适合地方本科高校转型治理结构的监督。2013 年 1 月 22 日，习近平总书记在第十八届中央纪委委员会第二次全体会议上的讲话中指出，要加强对权力运行的制约和监督，把权力关进制度的笼子里。②。这些观点生动鲜明，深刻揭示出权力监督的作用、方式和主体。按照这一理论，转型高校必须构建各种治理组织严密的议事规则，实行重大事项公开制度，让权力置于广大师生的监督之下，对于违法违规的行为，无论涉及个人还是集体，必须严格追究问责，杜绝"老好人"行为，让掌握各种办学治校权力的人不敢"任性"，营造一个风清气正的内部治理环境和育人氛围。

---

① 陈广山. 企业深度参与的"转型"高校内部治理结构研究［J］. 湖北经济学院学报（人文社会科学版），2018（1）：43—45.
② 习近平：把权力关进制度的笼子里［EB/OL］. 人民网. 2021-06-14.

第七章　地方本科高校转型治理能力问题与对策

第一节　地方本科高校转型治理能力存在问题

党的十八届三中全会通过的《中共中央关于全面深化改革若干重大问题的决定》提出了"推进国家治理体系和治理能力现代化"的新论断、新要求，大学作为社会组织的重要组成部分，必须提升自身的治理体系和治理能力，为党育人，为国育才。

一、治理能力

2014年1月1日习近平总书记在《人民日报》发表题为《切实把思想统一到党的十八届三中全会精神上来》的文章中，阐明了国家治理体系和治理能力的基本含义。他指出："国家治理体系是在党领导下管理国家的制度体系，包括经济、政治、文化、社会、生态文明和党的建设等各领域体制机制、法律法规安排，也就是一整套紧密相连、相互协调的国家制度；国家治理能力则是运用国家制度管理社会各方面事务的能力，包括改革发展稳定、内政外交国防、治党治国治军等各个方面"①。两者相互联系，密不可分。如果简而言之，则可以将治理能力定义为制度的执行能力。

那么，治理能力主要包括哪些方面呢？结合习近平总书记的论述，我们认为主要可以概括为两个方面。一是制度设计要科学。即要根据时代、条件和环境变化，及时完善现行制度，不断构建新制度。二是制度执行要有效能。通过制度执行，将制度优势转化为治理效能。根据上述理解，我们认为，高校治理能力主要体现为机构职能体系的完善、现代大学制度的构建和制度的有效执行三个方面。

二、转型高校治理能力存在问题

（一）学校机构职能体系还不完善

治理能力与组织的管理体系有着必然的联系。当前我国地方本科高校职能机构的设置是严格按照上级机构编制管理部门的要求来设置的，与上级机构形成上下垂直的关系。这种机构设置基本上遵从的是行政管理的科层逻辑，而非高校学术治理逻辑。这种科层式的管理比较封闭、刚性、效率低下、缺乏活力，与地方本科高校向应用型转变的要求有不小差距。转型从本质上需要一个开放、高效、创新的机构职能体系。开放意味着要求职能部门和院系从过去主要与上级行政主管部门打交道转向与包括政府、行业、企业、个人发生紧密的联系，意味着较慢的工作节奏转向与企业同步的工作节奏，意味着从固守已有工作习惯和制度文件要求转向更加灵活、多变的状态。此外，人们长期在这种封闭式的机

① 习近平. 切实把思想统一到党的十八届三中全会精神上来 [N]. 人民日报，2014-01-01（02）.

构职能体系中工作，也会产生一定的官僚化习气，很多事会因为"一夫当关，万夫莫开"而耽搁，也会因为烦琐的程序而贻误，这在当代具有先进管理理念的企业中是非常罕见的事情。

（二）学校的制度建设不科学

《国家中长期教育改革和发展规划纲要（2010—2020年）》提出要建设现代学校制度，其内容主要包括推进政校分开、管办分离，落实和扩大学校办学自主权，完善中国特色现代大学制度和完善中小学学校管理制度等四个方面内容①，其中有三个方面涉及高校。关于完善中国特色现代大学制度，要求各类高校依法制定章程，依照章程规定管理学校。我国高校目前基本上都已经制定并通过上级机关审核通过，正式发布了学校的章程，学校各职能部门也制定出相当多的文件制度，应该说地方高校已经不缺制度，关键是这些制度的科学性令人质疑。有多少制度的制定很好地参照了章程的规定？有多少制度能真正符合校情？有多少制度能有效执行？制度执行的成效缺乏分析。面对新时代新要求，国家出台了一系列教育政策法规，地方高校已有的部分规章制度不适应新时代教育发展要求，但能做到及时修订的却很少。以某地方高校为例，该高校从2012年开始，用了三年开展评建工作，2014年迎接并通过了教育部本科教学工作合格评估，评建期间，由教务处几位科长分工制定、修订出88份教学管理文件，这些文件对当时规范学校教学管理起到了十分重要的作用。但是时隔8年，有相当一部分文件没有跟随新时代教育政策进行调整，面对当前以内涵建设、高质量发展为主题的时代要求，不少文件未免显得规范有余，创新不足。此外，学校文件的制定

---

① 国家中长期教育改革和发展规划纲要工作小组办公室. 国家中长期教育改革和发展规划纲要（2010—2020年）［EB/OL］. 中华人民共和国教育部. 2021-7-29.

出台前很少能广泛征求广大师生员工的意见，出台后也不组织广大师生员工学习，导致上热下冷局面，很多工作非常被动低效。

（三）制度执行效能较低

当前地方本科高校制度体系不科学，制度文件汇编一大筐，制度执行杂乱无章。在地方本科高校转型期间，不乏有一些高校在原有固定的14个职能部门之外，又根据工作需要设置了很多教辅、科研性质的机构，虽然这些机构的设置在转型发展中都发挥了很大作用，但是无形中也造成了部门设置过多、机构人员臃肿、人浮于事的状态，每个部门都围绕职责出台了规章制度，但缺乏统一把关梳理，每到放假前便会有非常多的制度要执行，造成各单位工作事务异常繁忙，疲于应付，再加上人们的工作精力有限，必然带来工作效能、工作质量低下的结果。此外，由于各部门之间缺乏有效沟通，出台了许多相互交叉、边界不清的职责，在工作实践中常常发生相互推诿扯皮的情况。

上述问题，尽管是地方本科高校普遍存在的问题，但对于转型试点高校而言，问题显得就更加紧迫，必须改变现状，才能破解治理效能低下的问题，才能为构建应用型人才培养长效机制，提高学校人才培养质量奠定坚实的基础。

第二节　地方本科高校转型治理能力提升策略

我们认为，地方本科高校向应用型转变是一个协同共治的过程，更是实现自我跨越和高质量发展的契机，在优化治理结构的基础上，必须形成一套科学、高效、创新的运行机制，保证各种权力相互制衡、同向同行。

一、治理能力低效的原因分析

（一）观念因素

地方本科高校转型发展本身在我国是一个新生事物，没有成熟的经验可资借鉴，国外的经验由于文化差异，也不能直接照搬照用。转型的过程中必然会涉及一些师生员工的利益问题，也会因倒逼某些成型的教学制度、教学内容、教学方法手段的改革而给部门管理者和广大老师带来困惑和被动。再加上前面所述，很多学校的中层管理干部都来自专科学校，向老本科大学学习借鉴而来的经验和制度刚刚习惯适应，又要进行大幅度的转变，必然也会带来不适感，再加上面临即将退休，就更加保守。面对转型，管理队伍和师资队伍是关键，他们的观念不转变或不能及时转变，也会造成转型治理效能低下。

（二）体制因素

我国公立地方本科高校属于公益事业单位，是计划经济时代产物的延续，学校教职工的工资收入来自国家政府，"旱涝保收"，没有职业危机感，只要不犯法，就没有被开除的风险。满足于"大锅饭""干多干少一个样"的思维逻辑，工作中很多事情等、靠、要，干得越多，出错的概率越大，懒作为、不作为、慢作为成为部分人的工作原则，尽管国家从20世纪90年代已经开始推进事业单位聘任制改革，但是成效不大。

（三）人情因素

地方本科高校大多处于三、四线城市，脱胎于专科学校，学校里的教职工地缘结构不优，绝大部分教职员工和管理干部都来自本地，领导干部地缘结构不能做到"五湖四海"，无形中就会产生"老乡情结"，个人出了问题就会相互照顾，最后大事化小，小事化了。比如申请科研项目，校内的项目评审很难做到公平公正，评审前会有不少"关系户"寻求关照；省市级项目也同样如此，找老乡、找同学、找亲戚朋友等各种关系，寻求立项。这样久而久之，人们的法治意识就会淡漠，政策的执行就难免流于形式。

二、治理能力提升策略

在目前世界高校发展史上，有两类高校往往能在发展中获得成功。一类高校主要靠学校历史的不断积淀积累，比如英国的剑桥大学、牛津大学，法国的巴黎大学，我国的北京大学、清华大学等；一类高校主要靠制度的创新，能在相对较短的时间内迅速崛起，比如香港科技大学等①。作为办学时间较短的地方本科高校，若要实现成功转型。我们认为，唯有按照《转型意见》任务要求，面对机构臃肿、制度失灵、效能低下的现状，必须进行大刀阔斧的制度改革，才能从根本上实现转型目标。也就是说，地方本科高校转型中无论是学科转型、课程转型、整体转型抑或是部分转型，最本质的是地方本科高校的制度转型②。

（一）按照学校章程，重新梳理现有规章制度

学校章程是学校的根本大法，是建设现代大学制度的基石和大学依法治校、自主办学的根本遵循。学校章程规定着大学与政府和社会的关系、学校的内部各项自治权、学校的目标和治理结构等内容。习近平总

---

① 宇文誉. 创新办学 破解新建本科院校转型难题 [N]. 中国青年报，2011-5-30（04）.
② 楚旋，卢珂. 地方本科高校转型中的制度框架构建研究 [J]. 当代教育科学，2016，（13）：8-11，15.

书记曾在讲话中提到，在激烈的国际竞争中，唯创新者进，唯创新者强，唯创新者胜。要把制度建设摆在突出位置，充分发挥我国社会主义政治制度优越性。其实，制度也是环境，是规范人们行为、激励人们行动、促进事业发展的一套规则体系。大到一个国家，小到一个家庭，都需要一定的规则来维系。制度从层级上可分为根本制度、基本制度和重要制度。根本制度在制度中起顶层决定性、全域覆盖性、全局指导性作用，如学校的《章程》。基本制度在学校各方面工作发挥重大影响，体现在各领域各方面，如《某某学院关于加强应用型人才培养的意见》就是人才培养工作的基本制度或框架性制度，《某某学院学生管理规定》就是学生教育管理方面的基本制度。重要制度由根本制度和基本制度派生而来的、学校治理各领域各方面各环节的具体的主体性制度。如《某某学院普通本专科生学籍管理规定》《大学生日常行为规范》等等则属于基本制度的重要配套文件。在此我们以衡水学院教育教学质量监控与评估中心为例，分析如何开展好制度建设。本人 2018 年初到中心任职时，面临着制度严重缺失、科室职责不清的困境，经过为期三年的陆续建设，中心根据职责范围，凝练出"对学校负责，为教学服务"工作理念，确立了"健质保体系，铸质量文化"工作中心，先后推动开展"质量标准年""质量推进年""质量提升年""质量文化年"四个年度工作主题，依据学校章程等文件制定确立了《衡水学院关于健全教育教学质量保障体系实施意见》这一基本制度，构建了"三个五"质量保障模式。围绕这一基本制度，中心从队伍建设、质量标准、教学监测与评估、信息反馈与改进这一闭环系统出发，制定出台了教育督导队伍管理办法、学生教学信息员管理办法、教学各环节质量评价标准、二级单位工作考评办法、院系教学工作评价标准、领导干部听课制度实施办法、教育教学质量信息反馈与改进办法等一系列重要配套制度。此

145

外，根据审核评估又出台了一整套文件汇编。形成了基本制度统领、重要制度支撑，环环有制度、前后相呼应的较为严谨、完善的制度体系。这套制度是在深入研究理论、广泛征集意见并将内容反复修改后出台的，不仅健全了衡水学院教育教学质量保障制度体系，更重要的是为该校"十四五"高质量发展起到了重要的保驾护航作用。根据上述思路，学校应该以《章程》为统领，作为学校根本制度，再根据章程内容需要，责成相关单位制定出基本制度，作为单位开展工作的主要依据，在此基础上，根据基本制度制定重要的配套制度，环环相扣，形成严密完整的制度体系。

（二）科学设编配岗，完善机构职能体系

随着地方本科高校办学规模增大，各种事务不断增多，现有体制下的机构编制设置已经不能满足学校发展的需要，应按照转型发展的需要重新科学设置机构，配备科室岗位。受上级编办机构的控制，学校的机构设置数量和领导干部指数基本上固定，现在关键的难题是每个机构设置多少科室、每个科室设置多少岗位的问题。以往解决这个问题的办法主要是哪个机构重要、职责多就多给科室和岗位，主要凭经验分配。很明显这个办法是不符合国家简政放权改革大趋势的。我们认为，在上级人员总量控制下，地方本科高校岗位编制设置可分三步走。第一步组建人力资源管理团队，对学校各单位的工作种类和工作量按照现有职责进行全面深入调研摸排，做好工作分析。第二步根据工作分析设置各处、室应设岗位数，并编制出岗位说明书（不同于岗位职责）。第三步进行人岗适配，对没有适合岗位的人员，要求其参加岗位培训，对有极其特殊情况的人员，确不适合从事工作的，可按照相关劳动法规予以妥善处理。岗位设定后，为了打破干多干少一个样的弊端，岗位绩效可分A、

B 岗绩效，A 岗为重要岗位，B 岗为一般岗位，A 岗可采用任命和竞聘方式，绩效也相应多一些。绩效按岗计发，不随人走。再加上严格的岗位业绩考核，盘活全校人力资源。

（三）切实开展目标考核和督导工作，推动各单位履职尽责

当前我国地方本科高校陆续建立了教学质量监管机构和党建督导业务，开展了富有成效的党建和教学业务监控工作，这是非常好的事情。但是监督或督导工作必须长"牙齿"，让监督或督导信息能真正起作用，那就是与年终工作考评直接挂钩。以往我国地方本科高校教职工的个人年度考核一般流于形式，起不到实质性作用。管理干部由组织部门考核，一般没有大问题的都是合格以上，最关键的是各二级单位工作职责的考核缺乏，因此，地方本科高校应建立基于各二级单位工作职责基础上的工作考评办法，对教学单位，党政职能、教辅单位进行分类考核。

以衡水学院为例，该校建立了"质—量—度"考核模式。所谓"质—量—度"考核模式，是指按照一定的指导思想，遵循事物量变和质变规律，以及以人为本的管理原则，对二级单位的目标工作从工作数量、工作质量和工作满意度三个方面给予综合评判的方式。具体而言，包括三个方面：一是突出工作任务的数量，即根据学校发展目标和年度工作要点，各单位从党建和思想政治工作、教学工作、队伍建设、科研工作、学生工作、管理工作、创新与特色等方面，制定出一定数量的工作任务，并明确工作完成的数量、程度和时间要求；二是突出工作的质量，即各单位在完成制定的工作任务基础上，在工作思路、工作方式上有所创新，在工作业绩、工作成果上有所突破，在工作成效、工作模式上有重大影响的做法、项目或奖励；三是对考核对象的工作实绩、贡献

和工作态度在一定范围内组织服务对象进行满意度测评。三方面有机结合，相互联系，对各二级单位从质、量、度方面进行综合考核，反映考核对象工作的数量、质量和能动性。这种考核模式在很大程度上打破了"干好干坏一个样，干多干少一个样"的平均主义观念，促使各二级单位逐步形成"多做事、做好事、主动做事"的思想。

第八章　地方本科高校转型治理其他问题与对策

第一节　地方本科高校转型治理存在的其他问题

2014 年初，教育部《关于地方本科高校转型发展的指导意见》（征求意见稿）发布之后，掀起了学界的广泛热议，部分省（市、区）积极行动，开展转型试点工作。2015 年，教育部曾将"印发引导部分地方本科高校向应用技术型高校转型发展改革试点的指导意见，启动改革试点，有序引导部分有条件、有意愿的地方高校转型发展"列入当年年度工作要点，表明了调整高等教育结构、大力发展专科层次的职业教育已成为国家的教育发展战略。

地方本科高校向应用技术类型转变绝非易事，面临着观念、师资等诸多挑战。力推转型的时任教育部副部长鲁昕将地方本科高校转型面临的困难总结为"六大难题"——"转变观念难、学校理念转变难、教材建设难、专业建设难、师资队伍建设难、学校布局难"。应该说，随着近几年转型试点的推动以及各种宣传教育，第一、二个观念层面的难题基本解决，最后一个学校布局属于国家层面的问题，目前通过新一轮本科教育教学审核评估方案可以看出，国家正在有序引导各类高校根据学校实际自行站队，高等教育类型结构与布局的优化正在变成现实。那么剩下的师资队伍建设、专业建设和课程（教材）究竟难在何处？本章将对这三个问题，结合《转型意见》，一一探讨。

一、师资队伍问题

师资队伍是高校办学的第一人力资源已成共识。向应用型高校转变，需要有大量的"双师双能"型教师，但是根据统计，我国地方本科高校专任教师中，"双师型"教师占 20.0%，具有行业背景的专任教师占 12.1%[①]。这与 2014 年 3 月份教育部发布的《关于地方本科高校转型发展的指导意见（征求意见稿）》中规定的使"双师型"教师占专任教师的比例逐步达到 50% 以上的要求差距较大。除此之外，我们认为转型试点高校的教师队伍还存在以下三个方面突出问题。

（一）"双师型"教师培养与聘用难度大

从研究文献看，"双师型"教师是 20 世纪 80 年代中期以来职教界争议较多的一个概念，人们对其内涵的理解也各不相同。有学者将其概括为"双证书说""双资格说""双能力说""双层次说""双素质说""双职称说""双融合说""双来源说""多师说""特定说"等 10 多种解释[②]。但不论解释如何繁多，"双师型"教师提出的本意就是让教师既能向学生传授理论知识，又能指导学生专业技能训练，还能指导学生的生产实习，至于是否有双证、双职称都不是问题的核心。根据上述理

---

① 全国新建本科院校教学质量监测报告（摘要）[N]. 中国教育报，2016-4-08（008）.
② 贺文瑾. "双师型"职教教师的概念解读（上）[J]. 江苏技术师范学院学报（职教通讯），2008（7）：48-51.

解，我国地方本科高校的教师主要来源于省属重点高校和部分"双一流"等重点高校，缺乏行业企业一线经历和专业实践技能是不争的事实。此外，由于国家目前缺乏有效的和实质性的高校与行业企业之间开展产学研合作方面的政策制度，高校无论是从行业企业聘用兼职教师还是向行业企业派驻教师提升教师的实践能力都面临诸多困境。

（二）教师职称评聘的导向和自主权缺乏

从 1986 年开始，我国高校实施了以专业技术职务聘任制为核心的职称改革。毋庸置疑，职称改革对高校在开发、优化人力资源配置，提高教师待遇，发挥教师积极性，促进教师队伍建设等方面起到了很大作用，也取得了显著成效①。但是由于历史原因，除少数高校具备高级职务评聘的资格外，地方本科高校基本没有自主评聘高级职称的权限。尽管目前地方本科高校已经拥有了评聘高级职称的自主权，但是近些年来，部分地方本科高校因没有根据学校教师发展规划，合理控制高级职务评审人数，再加上当时政策相对宽松，致使学校目前的高级职务教师非常集中，且比例已经超编而没有定数，势必影响广大教师教学与科研工作的积极性和创造性。此外，地方本科高校教师职称评审政策导向基本上还是学术方面，学术的权重过大。因此，这种重学术数量而忽视实际能力的职称评审导向正愈演愈烈，严重影响教师转型的导向和积极性，到了非改不可的地步。

（三）应用导向的教师考核机制尚未建立

随着市场经济体制改革的推进，我国确立了以"效率优先、兼顾公平"为原则的市场分配制度。但是，目前事业单位的分配制度存在着许多弊端，离分配原则的要求尚有很大的距离，平均主义、"大锅

---

① 王慧. 高校教师职务聘任制改革研究［D］. 南京：河海大学，2007：1.

饭"的倾向比较严重，效率优先的原则没有得到体现①。尽管我国地方本科高校长期实行教师年度考核制度，但是年度考核的结果并没有与个人收入分配挂钩，优秀考核谁需要让给谁，而考核只要合格，工资一分也不少，从而导致考核流于形式，起不到实质性的调动教职工积极性的效果。尽管目前我国高校正在推行旨在调动教师教学工作积极性的绩效考核制度改革，但在现实中，很多高校对实施绩效考核没有一个科学的认知，不知怎样合理有效地使用，绩效考核"走过场"式的操作难免会出现一些弊端②。我们认为，既然是绩效考核，理应做到效率优先，即要确立以教学效果好、科研成果有突破或贡献大等应用为导向的考核体系。

二、专业建设问题

专业是人才培养的基本单元，专业的性质与结构很大程度上决定着人才培养的类型和质量。转型试点高校的重点和最终落脚点其实也应该在专业层面。《转型意见》中对专业建设的要求主要体现为三点：专业设置上，要改变专业设置盲目追求数量倾向，集中力量办好地方（行业）急需、优势突出、特色鲜明的专业；专业结构上，要围绕产业链、创新链调整专业设置，形成特色专业集群；专业方向上，要通过改造传统专业，设立复合型新专业。我们根据对河北省十所师专升本的新建本科院校的专业进行过调查，调查结果与转型要求有不小差距。调查结果显示，河北师专升本院校专业结构在专业数量，专业布点，专业性质以及专业生均规模等方面存在一定问题。

---

① 林霞. 中国特色社会主义个人收入分配制度研究［D］. 南京：南京师范大学，2012：49.
② 彭蓉. 论高职教师绩效考核制度存在的问题及新思路［J］. 商，2014（29）：30.

（一）专科专业比例较高

国务院《普通高等学校设置暂行条例》（国发〔1986〕108 号）规定，称为大学或学院的（即本科院校），主要培养本科及本科以上专门人才①。说明学校的本科专业至少应在 60% 及以上。很明显，河北师专升本院校的本科专业比例为 55%，与国家要求尚有一定差距。

（二）本科专业重复设置率过高

笔者 2017 年通过对河北省十所师专升本院校的专业结构进行了在线调查发现，在这十所学校 419 个本科专业中，去除重复因素，实际专业为 123 个。有 30 个专业在一般高校均有设置，占实际专业总数的近四分之一。其中，学前教育、体育教育、汉语言文学、英语、数学与应用数学、音乐学、美术学等 7 个专业在 10 所学校均有设置，说明专业重复设置率保持在较高水平。

（三）专业的应用性不强

《转型意见》明确指出，转型高校应形成根据社会需求、学校能力和行业指导依法设置新专业的机制。改变专业设置盲目追求数量的倾向。2016 年河北省公布了就业率最低的专业名单，主要集中在汉语言文学、英语、生物科学、美术学、法学等师专升本院校传统的"学"字号专业②。这些专业在人才培养上倾向于学术性，而应用性不足，切实需要开展校企合作、产教融合，与行业企业进行良好对接。

（四）专业生均规模偏低

究竟多大的专业生均规模最合适，有专家进行了测算与统计，若以

---

① 国家教育委员会. 普通高等学校设置暂行条例 ［EB/OL］中华人民共和国教育部. 1986-12-15.

② 沧州晚报. 河北省就业率低的 10 大专业是它们 ［EB/OL］. 华北新闻网. 2016-6-14.

每个专业 30 人为基数计算，专业规模在 120 人到 270 人之间时，专业规模每增加 30 人，专业费用节约率在 10% 到 20% 之间。专业规模达到或超过 300 人，专业费用节约率在 10% 以下。专业的规模经济效益就不显著了①。根据我们的统计，河北师专升本院校的专业生均人数只有182 人，还没有达到最优化。

此外，地方本科高校的专业设置不够严谨。一些地方本科高校急于扩大学校的办学规模，提高学校的办学经费，转型初期往往是专业数量猛增的阶段。在专业设置上突出表现的问题就是专业设置论证不够深入、充分和严谨，尽管我国出台相关文件三令五申，要求学校在设置专业时要充分结合经济社会发展，进行广泛的市场需求和人才需求调研，全面深入的论证，但是很多院校没有进行调研和论证，因人设专业，因条件设专业，模仿老本科院校设专业，甚至在条件不足的情况下，东挪西借创造条件也要设置专业，体现出较强的主观随意性、盲目性。此外，专业设置的依据很多是根据学科的系统性来划分，导致很多专业的学术性较强，而应用性不足，专业集群建设更是任重道远。

三、课程（教材）问题

长期以来，关于我国高校的教育改革，人们形成一种共识，即改到深处是教学，改到难处是课程，改到痛处是教师。教学是人才培养的主渠道，也是一个复杂的体系，涉及方方面面，是改革的深水区，教学改革或多或少都会触及教师的利益，这些都不难理解。那么，为什么说课程是改革的难点？这恐怕要从认识课程在整个人才培养体系中的地位和作用说起。第一，课程是大学职能发挥作用的基石。毋庸置疑，教学是

---

① 董炳南，耿喜华，孟照军. 高等学校既应重视总体规模效益又应重视专业规模效益[J]. 高等建筑教育，1999（1）：31-33.

大学基本职能发挥作用的主渠道或主要载体，大学的职能也都将直接或间接地通过、借助、围绕教学发挥作用，否则，高校职能就成为无源之水，无本之木。而教学的理念、内容、方法、手段最终都将落实在各种形态的课程中，只有课程这种平台，才能将学校的人、财、物等各种资源调动利用起来。第二，课程是教师赖以生存和发展的基础。大学者，非谓有大楼也，而有大师之谓也。这一论断强调了教师是高校第一人才资源，是任何学校健康发展的关键。高校教师的根本职责在于教书育人，而课程是每个教师劳动的"责任田"，是教师培养人才的主渠道，同时，依赖这个主渠道，才会从根本上促进教师的专业成长。第三，课程是提高人才培养质量的核心。当前，质量是高校的生命线，更确切地说，人才培养质量是所有办学质量的集中代表，人才培养质量的高低最终都要通过课程结构的优化、课程资源的科学开发、课程内容的有效实施等来完善学生的知识结构，健全学生的人格，提升学生的综合竞争力。此外，从学科、专业、课程关系而言，学科是龙头，专业是依托，课程是基础①，说明学科知识的传承与专业的人才培养都最终要围绕和依靠课程来进行。

当前转型试点高校在课程建设上存在的问题，我们认为主要有三个方面。一是课程门数设置过多，尤其是理论课程居多，占据了师生大量精力和时间在课堂教学。根据国家高等教育平台质量监测结果统计，全国新建本科院校 2019 年共开设课程 1270 门，本科专业平均 37 个，每个专业一年开设课程平均为 34 门，每学期达 17 门之多。如果每门课程平均 32 学时，按照一学期 18 周计算，每周达 30 学时，每天学生有 6 个小时在上课，只有 2 个小时做其他事情。有的地方高校更甚，平均每

---

① 罗云. 关于学科、专业与课程三大基本建设关系的思考 [J]. 现代教育科学, 2004, (3): 32-34.

个专业每年开设 37 门课程，这种状况对于学生自主发展是非常不利的。二是课程体系庞杂，课程与课程之间的衔接不够，课程内容交叉重复，理论内容多，实践内容少；三是自编教材过少，尤其是应用性教材开发严重不足。教师大多热衷于搞专业科研，忙着发表专著、学术论文，忽视教材建设，以某地方高校为例，近三年共出版 9 本教材，平均每 700 门课程才有 1 本自编教材，很难满足学校转型发展需要。

综上所述，产生这些问题的原因是复杂多样的，既有历史遗留的原因，又有思想保守的原因，既有主观因素，如师资队伍水平、管理队伍素质等，又有客观因素，如产业结构升级、经济转型，科技发展对专业建设、课程内容、教师观念造成的冲击和短时间的不适应等。学校应用转型其实质是一场比传统意义上的改革更加深刻、更具有全局性的变革，唯有以课程改革为突破口、以专业建设为路径、以提升师资水平为关键，转型的许多问题才能迎刃而解。

第二节　地方本科高校转型治理其他问题的对策

一、师资队伍建设转型对策

（一）转型对师资队伍建设提出的新要求

1. 转型要求地方本科高校建设一支具有较高理论水平和较强实践能力的"双师型"教师队伍

地方本科高校转型为应用技术类型大学，师资队伍建设非常关键。《转型意见》明确指出，加强"双师型"教师队伍建设，逐步使大多数教师既具有较高的理论水平又具有较强的实践能力，使"双师型"教师占专任教师的比例逐步达到 50% 以上。可见，"双师型"教师已经不仅仅是中、高职院校的需要和努力方向，应用型本科院校也迫切需要。应用技术大学的师资队伍既不同于一般高职院校，也不同于传统的学术型高校，而是一种介于两者之间的新型模式，即虽不专注于理论知识发展，但必须具备丰富的理论知识储备；虽不是培养一线的技术工人，但必须具有工程师的实践能力①。应用型本科院校与中、高职院校"双师型"教师的主要区别表现为前者不仅理论水平高于后者，更重要的是在理论和实践教学中能通过研究取得应用型、突破性成果，更好地适应产业结构转型升级、培养生产服务一线的高层次技术技能人才的需要。

2. 转型要求地方本科高校制定一套教师聘用、人才引进和高级职称评聘的政策制度

围绕"双师型"教师队伍建设，地方本科高校转型需要优化教师队伍结构，在外聘教师、引进人才和职称评定等方面应转变观念和做法。《转型意见》明确指出，扩大试点高校的用人自主权，支持试点高校在核定编制内自主聘用教师、引入专业技术人才和高技能人才担任兼职教师，对符合条件的试点高校，下放教师高级职务（职称）评聘权。目前地方本科高校师资队伍的特点可以概括为"三高""四低"，即生师比高，青年教师比例高，教师转型难度高；高水平的专业带头人比例低，高职称、高学历教师比例偏低，且在专业中的分布不合理，"双师型"教师比例偏低，高层次人才队伍稳定性低②。《转型意见》中提出

① 江利，黄莉. 应用技术大学"双师型"教师的误区与超越［J］. 高校教育管理，2015（2）：43-47.

② 董建梅. 挑战与应对：新建本科院校师资队伍转型思考［J］. 衡水学院学报，2014（6）：120-122.

的上述要求，可以说正好切中了地方本科高校师资队伍建设问题的本质矛盾，按照这些要求，地方本科高校就可以制定或修订人才引进、外聘教师和教师职称评定等一系列政策制度，向"双师型"教师倾斜。

3. 转型要求地方本科高校建立一个以应用为导向，市场和用户广泛参与的教师绩效考核机制

实施科学的教师绩效考核制度能够充分激发广大教师的潜能，调动他们的积极性、主动性和创造性，打造出一支素质精良的师资队伍。《转型意见》明确指出，改革学校和教师的科研绩效评价和考核机制，建立以成果转化情况和技术成果突破性、带动性为导向的评价体系，健全由市场和用户广泛参与的开放评价机制。当前我国地方本科高校教师的教学和科研激励制度主要是向研究型高校看齐，侧重学术性的导向。教学考核中，只要教师具有渊博的知识，能将理论知识讲解透彻就是好教师；科研考核中，只要教师能多立项目、多发表论文、多获得奖励，不论是否产生实际社会经济效益，就是科研能手。教师的考核方式封闭，主要由教务、科研和人事部门组织，所在院系实施。这种"重数量、轻质量，重学术、轻应用，重结果、轻过程"封闭式的考核机制成了制约教师队伍发展的瓶颈。因此，建立一套以应用为导向，市场和用户广泛参与的教师绩效考核机制就成为地方本科高校转型的迫切任务。

(二) 地方本科高校师资队伍建设对策

地方本科高校转型是一项系统工程，需要政府、学校和社会共同努力，建设一支高素质的教师队伍更离不开政府和行业企业的支持以及学校自身的努力。

1. 校企政协同，培养"双师型"教师队伍

"双师型"教师队伍建设尽管已成为地方本科高校转型的普遍共

识，但影响"双师型"教师培养的因素很多，这些因素来自社会、学校、机制等方面①。因此，建设一支真正的"双师型"教师队伍，并不是地方本科高校能独自办到的事情，需要有政府和行业企业的全力支持和配合。作为政府，可借鉴国外通过立法发展职业教育的经验，如德国的《职业训练法》《联邦职业教育保障法》，日本的《雇佣——能力开发机构法》②，美国的《技术创新法》《拜杜法》等③。这些法律有效地保障和促进了学校和产业界之间技术转让、人员交流等方面合作。我国政府可出台政策，打破高校与企业之间师资与员工不能互派互通的壁垒，为校企合作牵线搭桥；作为行业企业，要有长远的目光，能清醒地认识到开展校企合作，让高校教师到单位来锻炼，实际上是让企业拥有了廉价而高素质的劳动者，其自身蕴含的科研素养，能给企业带来更大的生产利润。作为校方，更要积极动员一线教师有组织、有计划、有目的地到各行各业顶岗锻炼，积累行业经验，提高专业实践能力。

2. 制定或修订相关政策，优化教师队伍结构

教师队伍结构是否优化，影响着地方本科高校的整体教学水平。地方本科高校应制定或修订外聘教师办法、人才培养与引进办法和职称评审办法等系列人事管理制度。根据专业教学需要，拓宽引进渠道，积极从行业企业调入或聘请一些具有实践经验的高级专业技术人才，充实教学一线，进一步改善教师队伍结构。设立人才引进与培养专项经费，在引进人才时对传统专业严控精选，向重点专业、特色专业、重点实验室以及专业群倾斜，重点引进具有高职称、高学历、实践经验丰富、具有

---

① 叶丽娟，刘文奇，肖圣雄，等. 应用型本科院校"双师型"教师的培养与评定[J]. 湘南学院学报，2013（2）：73-76.
② 孙道远. 国外是怎样培养"双师型"教师的？[N]. 中国教育报，2007-3-1（04）.
③ 宋毅，孙玉. 美国技术创新法及对我们的启迪[J]. 中国科技论坛，1998（2）：52-54.

专业建设指导能力的高层次人才。鼓励教师参加行业、企业在职培训，积极开展应用技术研究，充分调动广大教师参加实践的积极性，加快师资队伍的结构调整、转型和提高。在岗位考核、职称评聘、津贴分配、业务培训等方面向"双师型"教师倾斜，促进"双师型"教师队伍快速成长，不断提高"双师型"教师的比例。

3. 构建考核激励机制，调动教师积极性

当前，我国新一轮高校人事制度改革正在酝酿。在教师考核上，总体思路是要探索以分类管理为基础、业绩贡献和能力水平为导向的教师评价机制，充分考虑教师劳动连续性、复杂性、创造性及个体自主性特点，按照公开、公平、公正的原则，积极探索多元、开放的评价途径①。地方本科高校转型中应根据国家改革发展趋势，积极完善教师考核评价制度，提高教师教学工作的积极性。首先，以应用为导向，科学制定考核评价指标体系，对不同层次、不同类别、不同岗位教师进行考核。如对教师的专业课教学，重点考察其运用真实任务、真实案例教学的比例，对科研的考核重点看其科研成果的转化情况和技术成果的突破与社会贡献情况。其次，考核的主体应多元化，积极构建由市场和用户广泛参与的开放评价机制。如教师的科技成果评价不能单独由学校学术委员会进行，应积极吸纳受益单位和行业专家参与。最后，教师考核机制的建立要与激励机制紧密结合。对于教师在教学、科研和社会服务等方面做出的成绩和贡献，学校要将其与教师的晋职、晋升、晋级、评优、评先、工资待遇等方面挂钩，体现多劳多得，优劳优酬。如此，基于岗位管理、绩效考核的现代大学评价制度才不是一句空话。

---

① 唐景莉，赵丹龄，殷长春. 新一轮高校人事制度改革迫在眉睫［N］. 中国教育报，2014-5-12（09）.

二、专业建设转型对策

1. 优化学科专业结构，把好专业布局关

地方本科高校经过 20 年左右的发展，已经过了专业数量激增的阶段，目前多数学校正在转变发展方式，由数量增长向内涵建设转变。有人以 2002 年教育部审批的新建本科院校中的 17 所本科院校为调查对象，发现在短短 5 年时间内，各校平均增加的专业数近 17 个，有的学校新增专业数已超过原来的一倍①。这些学校专业门类分布太广，跨度过大，有的学校专业涉及 10 大学科门类；对于师专升本院校，升本后原有特色或优势专业有淡化倾向，主要是升本后由于过度重视非师范类专业设置与建设，原有的师范类专业特色在发展中逐渐丧失。借鉴德国应用科学大学专业建设经验，地方本科转型院校应建立根据录取率、报到率、就业率、社会产业结构变化等数据进行专业调整的预警与动态调整机制，对于培养规格比较模糊，专业方向与市场、区域产业结构的调整结合不紧密的专业，应暂停招生，进行整改，直至撤销；对于设置重复，学生规模大，出现结构性失业苗头的专业，如艺术学、市场营销等专业，应逐步缩小招生规模，根据社会需求，灵活增设专业方向。对于符合市场发展趋势的交叉、新兴专业，应加大支持力度。同时也应该注意，在专业结构调整和转型过程中，必然要面对传统专业的去留问题。我们认为，按照《转型意见》要求，学校可以遵循前瞻性与基础性相结合的原则，一方面积极发展应用性较强的新兴专业，一方面还应适度保留部分较强的传统专业，为新办专业提供发展基础，老树发新枝，而不是采用简单否定的态度。

---

① 张铁牛，田水泉. 新建本科院校专业建设现状调查 [J]. 理工高教研究，2007 (3)：138-140.

2. 严格专业调研论证，把好专业设置关

我国地方本科高校，尤其是新建本科院校，在升本的前几年往往是专业数量猛增的阶段。由于很多本科高校的前身专业设置相同，必然会有一大部分相同的专科专业，依托专科专业增设本科专业的相同概率就会增加，此外申请本科专业都限制在同一本本科专业目录之中，专业重复率高也是必然的事情。我们不妨借鉴德国应用科学大学专业设置的地方性、应用性、严谨性等特点，地方本科高校应以转型为契机，积极用好办学自主权，建立专业设置层层把关长效机制，学校层面应综合考虑国家和地方政治、经济、文化、教育政策和发展规划，制定学校的专业建设与发展规划，对学校的专业设置和结构进行总体规划与布局，对二级学院申报的新专业的资质和发展前景要进行严格审议，避免盲目性、重复性；二级学院应根据地方经济社会发展需要，深入行业企业一线，进行人才需求调研，明确专业发展前景和优势。专业设置不必完全拘泥于学科门类的系统性和国家专业设置目录，应结合地方行业企业需要，因地制宜，与企业联合举办专业，开展订单式人才培养，解决行业企业发展中面临的实际问题。

3. 提高专业生均规模，把好专业效益关

专业建设要考虑规模与效益的关系，没有一定的规模，就会严重浪费专业办学的各种资源，提升办学成本，专业的投入与产出效益就差。面对地方本科高校办学经费捉襟见肘的现实情况，考虑到地方本科高校专业规模普遍偏低的现实，我们认为，学校应在扩大生源范围的基础上，通过生源的多样性，提升专业生均数量。正如转型意见指出的那样，建立与普通高中教育、中等职业教育和专科层次高等职业教育的衔接机制，逐步提高招收在职技术技能人员的比例，为一线技术技能人才的职业发展、终身学习提供有效支持。适当扩大招收中职、专科层次高职毕业生的比例。这就是说，将来的继续教育将有更大的发展空间，学校应做好终身教育、回归教育的准备，提升办学效益。

4. 注重专业评估认证，把好专业质量关

当前，新设置专业成为许多地方本科高校发展的薄弱点，很多学校重专业申报，轻专业认证评价。新专业一旦获批，便大功告成，对专业的建设质量不再关注。然而，新地方本科高校的专业师资状况令人担忧。正如上节所述，我国地方本科高校无论是拥有的"双师双能型"教师比例，还是有行业经历或背景的教师比例，都普遍偏低。这些数据说明，专业质量的评估认证工作有待加强。当前我国只开展了声势浩大的由政府组织开展的本科教学工作水平评估、合格评估和审核评估，对专业的评估认证，尤其是地方本科高校，还没有大面积展开，主要由教育部高等教育教学评估中心在老本科院校的工程教育专业领域开展认证工作。《国家中长期教育改革和发展规划纲要（2010-2020 年）》已明确提出，促进管办评分离，鼓励专门机构和社会中介机构对高等学校学科、专业、课程等水平和质量进行评估。为深入落实《纲要》精神，教育部出台了《关于深入推进教育管办评分离 促进政府职能转变的若干意见》（教政法〔2015〕5 号），提出"支持专业机构和社会组织规范开展教育评价。引入市场机制，将委托专业机构和社会组织开展教育评价纳入政府购买服务范围，按照公开、公平、公正原则，保证教育评价服务的质量和效益"。应该说，这对于转型高校提升专业教学质量是一个良好的开端。地方本科高校应在转型过程中，牢固树立质量意识，积极开展专业自评建设，通过专业认证，形成专业品牌效应，提升学校的办学声誉。

三、课程建设转型对策

(一)《转型意见》对课程建设的要求

1. 提升课程体系与行业实践的对接性

《转型意见》指出，要深化课程体系改革，以社会经济发展和产业技术进步驱动课程改革，整合相关的专业基础课、主干课、核心课、专业技能应用和实验实践课，更加专注培养学习者的技术技能和创新创业能力。这表明，地方本科高校在课程体系设计上要转变思路，课程体系设计不能完全再以学科体系进行编排，转而要以行动体系，即行业企业发展需求为导向，遵循行业企业生产、管理和产业链、创新链等内在逻辑设置课程，实现课程体系与行业职业标准无缝对接。

2. 课程内容与行业企业一线需要相结合

《转型意见》指出，把企业技术革新项目作为人才培养的重要载体，把行业企业的一线需要作为毕业设计选题来源。这表明，地方本科高校课程的教学内容选择产生了根本变化，教学内容的选择主要基于行动体系而非学科体系，主要以"怎么做""怎样做好"等过程性知识为主，以"是什么""为什么"等陈述性知识为辅。内容的排序需要对传统学科知识进行解构，以工作过程为参照系，按照工作任务对知识进行重构，实现知识的动态应用而非静态储存。

3. 课程的教学方法手段要与时俱进，适应现代信息技术发展

《转型意见》指出，全面推行案例教学、项目教学。将现代信息技术全面融入教学改革，推动信息化教学、虚拟现实技术、数字仿真实验、在线知识支持、在线教学监测等广泛应用，通过校校合作、校企合作联合开发在线开放课程。案例教学、项目教学都是应用形态的教学，

区别于传统的较抽象的理论性教学，目的在于让学生通过案例解析讨论、项目承担制作更好地掌握理论，培养分析问题、解决问题的能力。现代教育技术的进步已经可以解决很多教学呈现的难题，体现出开放性、直观性、互动性、简约性等特点，尤其是校企联合开发在线开放课程，能让学生及时了解企业生产管理一线场景，大大提升教学效果。

（二）课程建设转型对策

1. 转变课程设置思路，增加实践教学比重

课程体系是根据专业人才培养目标，由体现人才培养规格的课程按一定比例和逻辑顺序排列组合而成的知识系统。课程体系是对现代科学技术和经济社会发展需求的集中反映，不同的课程设置思路和排列组合，决定着不同的人才培养类型和规格质量。因此，课程体系是教学改革的重点和难点，也是人才培养的核心和关键。当前地方院校课程体系主要是按照学科逻辑和厚基础、宽口径原则构建的公共基础课、专业基础课和专业方向课三大类。这种课程体系的构建思路往往是根据人才培养目标，分解出所要培养人才的知识、能力和素质结构的具体培养规格，再根据培养规格要求考虑课程体系。这种传统的课程体系系统性过强，弹性不足，理论过多，实践较少，基础过重，专业不突出，培养出的人才专业实践能力不强，不能很好满足行业企业实际需要。借鉴德国应用科学大学课程体系构建经验，地方本科高校应摆脱传统课程体系构建的思维习惯，深入调研行业企业人才岗位知识技能需求，按照"岗位知识技能—专业核心课—专业通用课—专业通识课"思路构建课程体系，也就是根据行业企业对人才职业岗位技能的需要，提炼出岗位关键知识技能，构建专业核心能力课程模块；根据职业岗位群共同需要的知识技能，设置专业通用技能课程模块；再根据专业核心能力课程和通

用技能课程模块，设计出学科通识课程。课程体系构建中，需要把握"强化实践、突出应用、注重创新"原则，有效增加实践教学比例，理论课与实践课应密切结合，理论课中要有练习、实验、实训等实践内容，集中实践教学中也要有一定比例的理论辅导与总结性课程，培养学生较强的运用理论知识分析问题和解决问题的能力。

2. 转变课程体系安排，重视课程分段考核

经过长期的演变和改进，当前多数地方本科高校已经构建出"3+1"模式的课程体系，即3年理论教学和1年的实践教学，这种课程结构安排应该说具有一定的合理性，既增加了实践教学的比重，也照顾到了学生选课的自主性，但是其弊端也比较突出。一是理论教学和实践教学泾渭分明，相互割裂。一般是学生连续经过6个学期的理论学习后，才真正进入第7、8学期的实践教学阶段，尽管前6个学期中也有1周左右的见习，但很多也是走马观花，起不到应有的作用，而且在实践教学阶段，学生全部时间都用在实践单位实习实训，其间不开设任何理论辅导、专题和讲座，学生实践中遇到的问题很难得到及时交流和解决，实践经验也很难得到提升和总结。二是8个学期的课程教学连续进行，对期间补考不通过的学生也不采取特别措施，在毕业前再进行一次大补考，补考不过可以再复读一年，这种课程体系的安排极易导致部分学生放松对学业的重视，并容易形成夹生饭，很难保证每个学生的培养质量。德国应用科学大学理论课程和实践课程交错安排，分段考核，理论与实践交替、层层严格把关的做法值得我们深思和借鉴。

3. 转变教学方式方法，推行基于真实问题的教学

应用型高级专门人才已普遍成为地方本科高校人才培养的目标定位，然而，应用型人才培养和学术型人才培养不仅在课程体系设置、教学内容安排上不同，而且在教学方法、教学手段方面也有较大区别。学

术型人才的教学方法主要运用系统的课堂讲授法和探究性学习方式。讲授法可以使学生在短时间内了解人类社会的知识体系，训练学生思维的系统性和逻辑性，研讨、实验等探究的教学方式有利于学生发现新知识、新原理，从而达到培养一大批拔尖创新人才的目的。相反，应用型人才培养的主要目的不是发现知识和原理，而是能运用已有知识和原理分析和解决实际问题，突出知识和原理的应用能力。因此，课程教学方式方法更多的应采用实地考察、现场教学和基于真实案例、问题、项目的教学方式方法，让学生能真实感受到生产、管理、服务一线行业企业的实际需求和有待解决的问题。这就需要一批既具有较强的理论知识，又具备行业实践背景或经历的"双师双能型"教师队伍，更需要学校密切校企合作关系，为学生创造学以致用的教学条件和真实环境。在这方面德国应用科学大学无疑为我们树立了学习的标杆和典范。近年来，德国应用科学大学在教学中普遍重视并推行项目教学，将项目教学安排进学校整个教学计划中。项目教学，简言之就是基于企业实际问题而进行的一种课程教学形式，尤其是专业课教学应用较为广泛。项目教学的实施一般是将学生按照 3-5 名分成若干小组，分组完成授课教师布置的来自行业企业的真实项目的课题作业，以此来掌握本门课程的教学内容①。项目教学不再局限于理论课程形态，还可以以较为集中的实践周的形式体现。德国应用科学大学一般每年安排 1-2 周的集中教学时间，称为项目周，也被称为学术旅行周。学生可以外出考察，具体时间不固定，根据内容安排，短则一天，长则每学年都要占用几周的时间，可持续两三个学年。学术旅行的教学内容主要是就某个专题到国外集中考察，或邀请国内外知名学者集中授课，还可以是某个问题的案例分析。

① 刘其兵. 德国应用型本科人才培养的特征和启示——以代根多夫应用技术大学为例 [J]. 滁州职业技术学院学报，2013（1）：19-21.

实行项目周的做法不仅使学生扩大了专业视野，提升了专业能力，也有力地促进了国内外校际交流①。另外，德国应用科学大学理论课通常没有固定教材，教师则会根据教学内容需要，自主选择上课地点，如花园、商场、车站、市政厅等，都能成为他们的课堂②。

4. 转变教学评价方式，注重学生实践能力

提高教学质量，教学评价非常关键。教学评价不仅是一种手段，更是一种重要的导向，不同的评价方式可以培养出不同的学生。以知识为主的评价方式，可以培养出知识扎实，基础厚重的学生；以能力为主的评价方式，则可以培养出实践能力较强的学生。当前地方本科高校在对学生的教学评价中依然没有摆脱知识倾向的评价，学生考前背笔记，考后扔笔记的现象依然存在。评价方式单一，多用期中作业加期末笔试评价模式，且试题中以名词解释、填空、选择、判断、简答、论述等记忆性试题为主，最多有 20 % 左右的材料或案例分析、设计类题型，即便如此，试题答案也不超出书本中的知识原理，成为典型的变相记忆类考题。德国应用科学大学的教学评价经验告诉我们，一方面我们应采用多种评价方式，如口试、作品设计、创作、基于真实问题的分析和设计等，以考查学生解决问题的思路和能力；另一方面，重视实践能力评价的同时，一定要夯实学生的理论基础，切不可使实践评价成为无源之水。此外，学校应严格教学评价制度，可以规定有一定门数的专业核心课程考核不通过的学生，建议其转换到适合自己特点的其他专业学习或延长其学制，这样无论对学生个人还是学校发展都是有益之举。

---

① 张翠琴. 德国应用科技大学（FH）研究 [D]. 重庆：西南大学，2008：20-21.
② 吴琛，詹友基. 德国应用技术大学课堂教学特点及启示 [J]. 高等理科教育，2015（1）：62-66.

四、课程（教材）建设转型对策

1. 课程建设转型的思路

课程改造的关键在于课程内容的选择和编排两个方面，不同的内容选择和编排将会产生不同的授课效果乃至不同的人才培养类型。当前我国普通本科高校多以学科体系及其内在逻辑顺序安排设计课程教学内容，而很少考虑学生的心理发展特点和行业企业等社会工作实际状况。这样的课程设计，培养出的人才尽管知识基础深厚，但与社会用人单位需求相脱节。因为这种课程是按照学术型或理论型人才设计的，更多考虑的是学科知识体系的构建与发展，却忽略了学生个体发展和社会发展需求。《转型意见》明确要求转型高校要以社会经济发展和产业技术进步驱动课程改革，培养学习者的技术技能和创新创业能力。这就为应用转型高校指明了课程转型的方向，即将社会需求、技术进步作为内在要求进行课程变革。

工作过程系统化是教育部职业技术教育中心姜大源教授经过几十年的探索和实践凝练出的一套课程设计与教学理论。该理论博大精深，思想独特，效果显著，在全国相当数量的高职高专院校和部分地方本科高校实践应用，产生了强烈反响。所谓工作过程，指的是个体"为完成一项工作任务并获得工作成果而进行的一个完整的工作程序"①。系统化主要包括课程体系设计、设计方法以及课程载体设计的系统化。工作过程系统化课程设计涉及内容的选择和排序。在具体到某门课程设计时，则要根据职业特征及完整思维细化以学习领域为主题的学习情境。

---

① 《工作过程导向的高职课程开发探索与实践》编写组. 工作过程导向的高职课程开发探索与实践———国家示范性高等职业院校建设课程开发案例汇编［M］. 北京：高等教育出版社，2008.

学习情境也称为学习单元，是教学任务工作化的关键，既要求关注职业工作特征六要素，即对象、内容、手段、组织、产品和环境，又要求顾及个体思维过程的完整性，即资讯、决策、计划、实施、检查和评价。学习情境（M）必须具备 3 个基本要求：必须 3 个及以上；必须是同一个范畴；重复的是步骤（工作过程）而不是内容①。学习情境之间可以是平行、递进和包容的关系。学习情境须借助某种载体（m）进行传递或承载有效教育教学信息。专业课程载体从形式上，可以是项目、案例和模块等，从内涵上可以是设备、现象、零件、产品等；基础课程从形式上可以是活动、问题、试验等，从内涵上可以是观点、概念、原理、公式等。载体的选择须具备范例性、开放性和可操作性②。课程实施主要按照资讯、计划、决策、实施、检查、评价这一普遍规则，对学习情境开展灵活多样的教学，在不断重复的工作步骤中，实现教学内容的升华。从上述课程设计的过程可知，基于工作过程系统化的课程设计理念跳出了学科体系的藩篱，它很好地体现了学生学习知识的目的不再是为了存储，而是为了更好地应用；课程内容的选择源于职场实际工作过程的典型任务，而不是来自抽象的通过实验室产生的枯燥的学科知识；课程通过教学单元——学习情境的设置和比较学习的方式，实现迁移、内化，进而使学生学会思考，学会发现、分析和解决问题③。

《转型意见》指出，要按照工学结合、知行合一的要求，根据生产、服务的真实技术和流程构建知识教育体系。显而易见，上述基于工作过程系统化的课程设计思想与转型意见的这一要求不谋而合。

---

① 姜大源. 论高职教育工作过程系统化课程开发 [J]. 徐州建筑职业技术学院学报，2010（1）：1-6.
② 姜大源. 论高职教育工作过程系统化课程开发 [J]. 徐州建筑职业技术学院学报，2010（1）：1-6.
③ 姜大源. 结构问题是课程开发的关键 [N]. 中国教育报，2016-08-23（003）.

2. 教材建设转型的案例

姜大源教授的工作过程系统化课程设计理论应该说在专业课程的开发上要明显优于非专业课，因为专业课程的开发相对容易，但为了说明这一理论在所有课程中的普适性，我们就选择了相对难度较大的师范类教育理论课程《教育学》课程为例，结合姜大源教授的课程开发理论，谈谈如何进行应用型教材的开发，为破解转型中教材建设的难题提供参考。

我国的教育学教材出版已经有几百种，可谓是繁荣多样，但课程体系长期以来囿于赫尔巴特、凯洛夫的《教育学》体系，教材内容基本上是教育概论、教学论、德育论、管理论、科研论等几部分的选择性组合。现实告诉我们，书本上的教育学与实际生活中的教育学在很大程度上是分离的，教育学早已被学生普遍视为最枯燥乏味的课程①。因此，当前地方高校教育学课程应用转型的实质就在于如何从僵化的课堂教学中将学生解放出来，将枯燥的课程理论知识实践化、应用化，培养出毕业能上岗，上岗能胜任的合格准教师。基于工作过程系统化课程设计理论，我们认为，从中小学教师实际工作过程中基本环节出发或者教师担任的工作角色出发，一名教师在学校工作中必然要承担教学工作、教研工作和班主任工作，这些工作尽管在教育学课程都有相应内容，但是内容都是基于学科体系进行排列，并不是按照行动体系来排列。经反复思考设计，我们对课程原有的内容进行了解构和重构，以师范生将来到中小学从事教育工作为背景，设计了教学工作、教研工作和班级工作三个情境，课程教学内容也随之进行了调整，按照咨询、计划、决策、实施、检查、评价的思维过程进行了知识的重构，突出了教师教学工作中各主要环节内容。这样整个教材的编写就分成了三个模块，每个模块按

---

① 李政涛. 教育学的悲哀和尊严［J］. 教师之友，2003（8）：65-66.

照工作的程序进行编写。具体章节结构如下。

第一模块：教学工作。主要包括备课（资讯、计划）、上课（决策、实施）、作业布置与批改、辅导与答疑（检查）、学业成绩评定（评价）。

第二模块：班级工作。了解和研究学生（资讯）、班级计划与目标（计划、决策）、班级工作开展（实施）、学生操行评定（检查）、班级工作总结（评价）。

第三模块：研究工作。主要包括选择研究课题（资讯）、申报课题（计划、决策）、开展课题研究（实施）、课题实践检验（检查）、课题结项鉴定（评价）。

根据上述思路，我们将原先的教育学内容经过解构之后，按照教师职业的主要工作任务进行了知识重构，初步编写成《教师工作实务指导》讲义，解决师范生学习了教育学后到工作岗位仍不会教学、研究和管理的实际问题，近四年的课程目标达成度调查显示，该课程因内容实用，具有很强的操作性，获得了学生的一致认可与好评。此外，这种课程内容设计对师范类专业认证要求也构成了高支撑（表8-1）。

表8-1　教师工作实务指导课程教学模块与毕业要求对应表

教学模块		教学工作	班级工作	研究工作
工作流程	咨询	备课	了解学生	选择课题
	计划		班级工作计划	申报课题
	决策	上课		
	实施		班级工作实施	研究实施
	检查	作业、辅导与答疑	班级工作检查与总结	实践检验
	评价	学业成绩评定	学生操行评定	课题鉴定
对应的师范类专业认证要求		学生教学 2.4 教学能力	学会看人 2.6 班级指导	学会发展 2.10 反思研究

第四篇
比较与展望

▼

▼

第九章　德国应用科学大学治理状况

第一节　德国应用科学大学的基本情况

当前，在教育部主导，各省（自治区、直辖市）推动下，我国广大地方本科高校向应用型大学（学院）转变的教育改革活动正在如火如荼地进行中，有的院校已崭露头角，在应用技术大学的探索中迈出一大步。应用转型是全方位的、整体性的教育变革，也是人们争议较大的热点话题。究竟应用技术类型大学是个什么模样，在学校定位、师资队伍、专业设置、课程教学、实践教学、科学研究、教育管理等方面与非应用技术类大学有何区别，非常值得我们进行深入探索。他山之石，可以攻玉。德国应用科学大学①以其卓越的应用型人才培养方式而被称为工程师的摇篮并享誉全球，其独特的办学模式堪称应用型大学典范，值得我们学习和借鉴。

一、办学定位

二战后，德国面临战后经济全面复苏的任务，由于有较好的工业经济基础，它依靠科学技术在工业化进程中的优势，经济发展得到迅猛推进。伴随着经济的持续发展和技术的不断升级，德国的行业企业对产业工人的知识技能提出了新的要求，需要大量层次较高的应用型技术人才来完成企业技术的革新。为满足这一迫切需求，1968 年 10 月 31 日，德国从高等教育布局入手，颁布了《联邦共和国各州高等学校协定》，将部分办学历史较长的 3 年制工程师学校和高级专业学校，在保留其原先办学特色的基础上，进行合并升格，建立本科教育层次的高等学校，这就是应用科学大学的由来②。这类大学在办学定位和人才培养目标定位上，主要是面向地方经济社会建设需要，培养生产、建设、服务一线的高技术技能型人才。这就避免了与侧重理论知识传授和基础科学研究、培养研究型人才的传统综合性大学的办学定位的冲突，实现了错位发

① 关于德国应用科学大学的称谓，目前还有德国应用技术大学、德国应用科技大学等多种，甚至早前因为翻译的问题，还有人称其为德国高等技术学院，导致很多人误将其与我国的高职高专联系在一起。1976 年德国联邦会议通过《高等教育总法》，明确应用科学大学是一种与综合大学等值的高等教育类型，这类学校由于是为社会职业进行科学教育，实践性培训又比在综合性大学更为强调。因此，1998 年 1 月德国大学校长联席会（HRK）就 FH 在国外的名称问题形成议案，并提交德国各州文化部长联席会议（KMK）审议通过，同意 FH 的英文译名为 University of Applied Sciences，并可以在对外时和 FH 并列使用。我们尊重这一议案的提法，将其翻译为"德国应用科学大学"。

② 陈正. 德国应用技术大学的历史变迁对我国职业教育的启示 [J]. 国家教育行政学院学报，2014（10）：84-88.

展，成为与传统大学不同类型但却等值的一种高校。如 1968 年组建的首所应用科学大学明确规定：学校对学生进行一种建立在传统理论知识基础上的教育，最后使学生成为各种专门职业技术的高级应用型、工程师类职业的实践工作者，从事产品开发、质量检验、核算、设计、生产、装配、维修保养、营销工作等①。此外，应用科学大学的办学定位也区别于其他高职高专学校的办学定位，1976 年德国联邦会议通过《高等教育总法》，明确应用科学大学办学定位是为社会职业而实施科学教育，而不是为实施职业教育而传授某些理论知识②。应用科学大学的这种准确的办学定位使其为德国各行各业培养出既有厚重知识基础，又有较强的应用技术的人才，为德国经济的腾飞做出了突出贡献，非常值得我们转型高校借鉴思考。

二、师资队伍

师资是学校成功发展的基石，对培养高素质人才起关键作用。德国应用科学大学按照学校的办学定位，对教师队伍的素质具有严格的规定。德国应用科学大学的教师队伍主要由教授、教学专业人员和兼职教师组成。德国应用科学大学校均规模在 3000 人左右，专业设置也非常灵活，因此，从行业企业聘用了大量的兼职教师，弥补新专业师资的不足。若应聘德国应用科学大学的专业人员，必须拥有教师资格，参加学校的层层选拔和考核，由学校和院系最终择优而定，专业人员采取合同制管理，其中学术助理主要采取非升即走的学术晋升制度。若应聘教授

---

① 张庆久. 德国应用科技大学与我国应用型本科的比较研究 [J]. 黑龙江高教研究，2004（8）：31-33.

② 薛晓萍，刘玉菡，刘兴国. 德国应用科技大学发展历程及其启示 [J]. 河北科技大学学报（社会科学版），2015（3）：96-100，106.

职位，则需要呈报文化和旅游部，由州文化部部长确定最终入选者①。过去教授是德国高校资格最严、人数最少的人员，必须有博士学位，有5年以上的与专业相关的行业经历，并取得骄人的成绩。尽管德国在2002年通过了《大学纲要法》的第五次修订，引入了青年教授职位，缩短了传统教授升等的年限并增加了女性升等的机会②。但是其对教授的理论水平和实践指导能力的要求并没有变化。德国应用科学大学教师队伍的另一大特色就是其大量聘用兼职教师，他们与专职教师的比例在6：4左右，如柏林经济和法律应用技术大学两者的比例高达7：3③。

德国应用科学大学师资队伍管理的特点对我国转型本科高校而言无疑具有较大借鉴意义。我们的教师队伍中理论型教师较多，"双师双能型"教师数量普遍缺乏，而且从行业企业外聘的教帅数量也非常少，教学评估中甚至限定外聘教师不能超过专职教师的四分之一，这种状况应该改一下了。

三、专业设置与调整

德国应用科学大学的专业设置颇具特色，其专业主要根据社会需求而设置，从经济发展的实际需要出发，具有明显的地方需求导向性。"企业需要什么，学校就教什么"，凸显因地制宜设立专业的特点。如德国布伦瑞克/沃芬比特应用技术大学因其一个校区位于大众公司总部沃尔夫堡，而设立了汽车工程等以机械工程类为主的专业，培养大量的

① 谷丽丽. 德国职教兼职教师的特点及启示 [J]. 教育与职业，2011（25）：100-102.
② 李继刚，张益刚. 德国新《大学纲要法》实施后教授升等制度改革研究 [J]. 外国教育研究，2018（6）：78-88.
③ 孙进. 德国应用科学大学的办学特色——类型特色与院校特色分析 [J]. 比较教育研究，2011（10）：66-70.

汽车行业的工程师①。

德国应用科学大学不仅围绕地方经济社会设立专业，而且特别注重专业的应用性，不强调学科的系统性和完整性，主要按照工程或技术领域甚至工艺领域划分专业。20世纪90年代以来，德国各州教育部门修改了专业设置办法，应用科学大学可以拓展专业范围，增设社会需求较大的专业。魏恩施蒂芬-特里斯多夫应用科学大学根据生物技术与生物学信息系的专业发展趋势，设立了有社会需求的生物技术、饮料技术、生物信息等3个专业，这些专业设置不同于综合性大学从学科划分来设置，而是与实际职业领域紧密结合，充分彰显了专业设置的应用型特点②。

随着经济社会的发展，德国应用科学大学在调整专业结构方面体现了较强的灵活性。一是根据所在地区产业的变化灵活调整专业设置。如凯泽斯劳滕应用技术大学校区所在地曾经是欧洲制鞋业和皮革业的中心，该校就开设有全德国唯一的"皮革加工和制鞋技术"专业，而当欧洲制鞋业和皮革业在近些年来逐渐萎缩时，学校审时度势，利用原有的教学试验设施和师资队伍开设了"化学技术"和"塑料技术"两个新专业③。二是设置交叉学科的应用型专业，应对新兴的社会需求。如非医师类的卫生健康和护理类专业中设置了护理学、护理管理、护理教育学、应用健康学等④。三是通过增设方向体现专业的灵活性。近年来

---

① 王健. 德国应用科技大学（FH）对我国高等职业教育发展的启示——以黄冈职业技术学院为例［J］. 黄冈师范学院学报，2014（6）：88-92.
② 卢亚莲. 德国应用科技大学（FH）应用型人才培养模式及其启示［J］. 职教论坛，2014（13）：84-88.
③ 冯理政. 德国应用科学大学（FH）办学特色的分析与研究［D］. 上海：华东师范大学，2010.
④ 秦琳. 以应用性人才培养促进区域经济发展和国家竞争力提升——德国应用技术大学的经验［J］. 大学（学术版）2013（9）：60-66.

德国应用科学大学通过校际合作及内部组合，拓展了一些国际化的专业，积极与国外的高校组成姊妹学校，开设用英语授课的国际课程、采用国际通行的学士学位专业体系，从而大大拓宽了专业方向①。在专业设置论证上，德国应用科学大学高度重视专业的设置论证工作。

在德国，开设新专业是一项严谨的工作，区域有需求，师资、设备还要有保障，才能通过专业评估和州政府的审批。应用科学大学新专业的设置程序严谨，层层把关。通常由教授或系部根据市场调研撰写专业设置的申请报告，学校专业委员会（含企业专家）讨论是否开设，通过后，提交州政府高校委员会（含各高校校长及企业老板），再次讨论这个新专业在该校开设的必要性，重点审核该专业来自行业企业的资助资金来源是否充盈。此外，若该校附近的大学已开设有此专业，州政府也将会拒绝批准该校开设，最后再将提案提交文化部批准②。专业的层层论证审核，大大提高了专业开设的必要性、针对性和有效性。

四、课程体系

为培养具备一定理论基础并具有较强实践能力的工程师、设计师等应用型高级专门人才，德国应用科学大学在课程体系的构建中十分注重学生的实践能力培养。通常情况下，德国应用科学大学的学制一般为4年，有个别学校是3.5年共7个学期，采用理论学习和实践学习循环交叉进行。即第一、二、四、五、七、八学期为理论学习阶段；第三、六学期为实践教学阶段，计40周左右，实践教学学期中，学生四天在实

---

① 张有龙，赵爱荣. 德国应用科技大学办学特色分析及借鉴——兼论我国应用型人才的培养 [J]. 高等职业教育（天津职业大学学报），2007（1）：93-95.
② 秦洪浪. 德国 FH 的办学特色对我国高职教育的启示——以代根多夫应用科技大学为例 [J]. 金华职业技术学院学报，2014（2）：6-9.

践单位实习，一天在学校学习理论，做到实践理论的有机结合。两个学习阶段之间组织中期考试，只有通过中期考试的学生，才能进入下一阶段的学习①。通常在应用科学大学教学计划中每年安排1-2周的集中教学时间，称为项目周，在这段时间里，学校可以安排学生外出考察，即学术旅行，用以增强学生对实际工作环境和内容的了解。学术旅行的时间可能是一天也可能长达若干周，并经常利用假期进行。学术旅行包括去国外，主要是欧洲国家，也可以安排学生就某个专题集中学习，邀请其他大学的学者，包括外国学者来集中授课或举办讨论班；还可以安排学生进行案例分析。通常，要求学生在学校学习期间取得不同类型集中教学的学分。这种做法有利于学生扩大和提高在某一个专题方面的知识和能力，也有利于促进应用科学大学与其他高校之间的交流和提高②。

从课程的设置来看，德国应用科学大学的课程体系与我国地方本科高校差别不大，一般也是由基础课程、专业基础课程和专业方向课程三大块组成。但是从课程实施来看，每一大块课程又可以分为理论课程和实践课程，二者总学时数之间的比例约为1：1③。如纽伦堡应用科学大学机械工程学专业的课堂讲授学时只占总学时的50%左右。习题课学时约占总学时的15%。实验课学时占总学时的7%。即使是理论性课程，通常一门课程中理论教学、练习、实训时间分配约为1：2：3④。在课程内容设计上，德国应用科学大学不像传统的研究型大学以学科为依据构建课程内容，通常是以专业能力为导向构建模块化课程内容体

---

① 张翠琴. 德国应用科技大学（FH）研究［D］. 重庆：西南大学，2008：20-21.
② 张翠琴. 德国应用科技大学（FH）研究［D］. 重庆：西南大学，2008：20-21.
③ 黄炳华，刘跃明. 德国应用技术大学机械工程学科教学模式及其特色分析［J］. 职业技术教育，2009（5）：89-93，95.
④ 黄炳华，刘跃明. 德国应用技术大学机械工程学科教学模式及其特色分析［J］. 职业技术教育，2009（5）：89-93，95.

系，培养学生的专业核心能力和可持续发展能力。其基本设计思路是：通过对专业相关岗位群的调查与分析，确定学生应该具备的专业能力，对某一专业能力进行分解，将其中的基本性知识、技能确定为核心技能，并设计为核心课程模块。再将该职业范围内适用于各个具体工作岗位的技能确定为选择性岗位技能，设计为就业方向性课程。多个核心课程模块和就业方向性课程模块的组合构成一个专业及专门化方向的课程体系，其中核心课程相对稳定且为必修，体现专业特征；就业性课程相对灵活多变以供学生选修，体现就业方向持征。

五、学校管理

德国应用科学大学的治理结构如同联邦体制一样，采用决策、执行、监督的相互制衡的领导体制，由校议会（校董会）、校务会和校监会三方权力构成。校议会（校董会）是学校管理的核心，法律规定由5-8人组成，由校外人士，校内教授、管理者、员工和学生代表组成，负责学校专业设置与调整、校长人选提名、教授任免以及经费预算等重大事项的决策；校务会由 1 名校长和 3 名副校长组成，下设财务部、人事部、后勤保障部和发展与交流部等部门，负责学校的行政管理，对校议会（校董会）负责；校监会由 10 人左右组成，人员主要来自行业企业、州教育部、校议会等，实施对校务会和行政部门的监督①。

德国应用科学大学实行教授治校、学生参与、宽进严出的管理方式。德国高校教授拥有自由研究和教学的无限权利的传统，教授治校体现在学校管理的各个层面和环节。如校、系正副职领导必须在教授中产生，校议会和系议会成员中教授占多数，课程如何开设、教学如何组

---

① 杨建国. 德国应用技术大学内部治理结构对我国高职院校制度建设的启示 [J]. 成都航空职业技术学院学报，2012（2）：1-5.

织、学生实验实训课程如何开展、科研经费如何管理等教学环节均由教授自己确定，体现了学术自由①。德国高校有让学生参与学校管理的传统，应用科学大学十分注重学生参与学校管理，让学生在学校管理中发挥积极作用。大学生参与学校管理已形成非常严密的制度，主要表现在大学生参与教学管理、行政事务管理，包括在一定范围内选择课程、选择教师，确定学习进程，调整教学计划，参与教学评价、教授聘用、校系领导选聘、参与科研项目、管理学生专业社团等②。德国应用科学大学教学质量管理非常严格，学校的教学质量管理体系由外部和内部组成，外部主要为社会上专门的评估机构，对学校的教学质量进行检查和评价；学校内部质量管理，除学校的监事会对学校进行监督外，各系主任对系里的教学质量工作负责，对教学工作进行检查、对学生实习工作进行调研等。德国应用科学大学有着严格的考试制度，一门课程如果三次不能通过，则要取消其本专业学籍，但是可以转专业学习。专业学习的淘汰率一般在 30% 左右，许多工科类专业的淘汰率甚至会达到 45%—50% 左右，这种宽进严出的管理办法有效地保证了教学质量③。

---

① 杨建国. 德国应用技术大学内部治理结构对我国高职院校制度建设的启示 [J]. 成都航空职业技术学院学报，2012（2）：1-5.

② 谭谊. 德国应用科技大学学生参与学校教学管理探析——以代根多夫应用科技大学为例 [J]. 商品与质量：消费研究，2014（10）：97-98.

③ 胡蕾蕾. 德国应用科技型大学的制度研究 [D]. 南京理工大学高等教育专业硕士学位论文，2010：20.

第二节　德国应用科学大学概况的教学模式与科研情况

一、课程教学

德国应用科学大学的课程教学信奉"在做中学"的教学理念。即使是讲授数学课也更加重视将数学知识应用于生产生活实际，以此来解决实际问题。如讲授高等数学的教授可以借助企业的一个实际案例让学生结合自己所学知识来完成计算与分析。这种教学淡化了数学课的基础课特色，加强了课程的实用性。对于专业课的教学，应用科学大学突出学习与生产紧密相关，突出技术应用性。如 2013 年 6 月代根多夫遭遇洪水时，政府希望运用无人飞行器探查并分析积水区的水深、有无煤气泄漏、有无动物围困等；超市为减少食品浪费，希望对浪费的食品及其种类进行统计与数据分析，并开发自我学习采购系统代替采购员经验下单以减少浪费；双手不能活动的孩子希望能够拥有一台喂饭机器人。诸如此类的课题都成了学生学习的内容，课堂对接市场，最大限度地培养学生的实践能力和解决实际问题的能力，充分体现了应用科学大学"在做中学"的显著特点[①]。

近年来，项目教学形式受到德国应用科学大学的极大关注，普遍在教学计划中设置了数个项目教学。项目教学是结合为企业解决实际问题的项目进行课程设计的一种教学形式，主要针对专业核心课程和专业选修课程，教授通常会以大作业的形式帮助学生完成本门课程，具体做法

---

① 　王健. 德国应用科技大学（FH）对我国高等职业教育发展的启示——以黄冈职业技术学院为例［J］. 黄冈师范学院学报，2014（6）：88-92.

是：将本班学生进行分组，每一组由 3-5 名学生组成，完成教授下达
的课题，课题通常是来源于工业界的真实项目，学生通过做项目，掌握
本门课程①。此外，德国应用科学大学理论课一般没有指定教材，教师
可根据自己的需要自行选择。任课教师会列出大量参考文献，有些课提
供自编补充讲义，他们通常将理论与自身丰富的工程资源结合来组织教
学，教学内容紧密联系工程实际，知识更新快。在教学形式上，教授可
以根据教学内容的需要自由选择讲座课、讨论课、习题课或实验课的形
式，并且，花园、商场、车站、市政厅都能成为他们的课堂②。

　　在课程教学的考核上，德国应用科学大学一改传统的以知识理论为
主的考试，转而采用非常灵活的方式和题型，考核学生解决问题的实际
能力和创新能力。德国应用科学大学的教授和学生在选择考核方式和题
型方面都具有很大的自主选择权。德国维尔道应用科学大学的教授在考
核时更加关注学生应用所学知识解决实际问题的能力。如《有机化学》
课程考核，教授放弃传统的命名、写结构式等题型，进行基于工作过程
的考核，模拟企业原料采购、商品销售等环节，让学生在纸上来进行实
际操作演习。课程考核保留了分析鉴别、合成路线设计等与实际工作过
程相一致的题型，并将试题内容更换为在企业收集到的真实题目，在工
作环境中锻炼学生的职业能力。同时，他们还建有学生创新能力的培养
和考核机制，对于富有创新能力的学生，通过指导其完成创造性工作，
培养其成为具有创新精神的高端技能型人才③。此外，学生在考核方式

---

①　刘其兵. 德国应用型本科人才培养的特征和启示——以代根多夫应用技术大学为例
　　[J]. 滁州职业技术学院学报, 2013 (1)：19-21.
②　吴琛，詹友基. 德国应用技术大学课堂教学特点及启示 [J]. 高等理科教育, 2015
　　(1)：62-66.
③　孙宾宾. 德国维尔道应用科技大学课程设置与教学实施的借鉴意义 [J]. 大学教育,
　　2013 (2)：111-112.

中也具有较大的选择权。如期末考核时，学生可以与教授协商，自由选定参加考试的方式和题型。除笔试之外，他们还可以选择撰写专题报告、口试、做项目、讨论考试等。学生参加考试的形式虽然很灵活，但并非所有的学生都能适应。例如口试时，学生将面对 1-2 位教授的面试问答，就某个专题展开讨论，且交流的信息量很大，学生必须对这个专题有深入的学习研究才能经受住知识渊博的教授的考验，这给学生带来很大的压力。考核非常严格，每个学生只有 3 次补考机会，如果都不通过，则要注销学籍或转专业①。

二、实践教学

应用型人才的培养需要扎实的实践教学，德国应用科学大学在实践教学上颇具自己的特色。

（一）实践教学时间长

与理论教学相比，德国应用科学大学的实践教学环节所占比重较大。此类大学一般实行的是"3+1"人才培养模式，即三学年的校内学习和一学年的校外实习实训单位的学习，由此可知，仅校外的集中实践时间就占到总学时的25%，这还不包括校内的实验教学。汉诺威应用科学大学的实践教学环节的比例占总学时的45%，包括 2 个实践学期及毕业设计。此外，专业课中的理论教学时数与实验教学课时几乎相等②。其实，德国应用科学大学学生的实践教学从入学前就已经开始，学校一般要求新入学学生必须得有 3 个月（有的专业要求有 26 周）的企业内

---

① 吴琛，詹友基. 德国应用技术大学课堂教学特点及启示 [J]. 高等理科教育，2015（1）：62-66.
② 曹旭华，南仲信. 德国应用科学大学实践学期教学模式研究 [J]. 浙江科技学院学报，2010（5）：381-386.

预实习，积累实践经验、感性认识，以便为理论学习打下基础①。有人曾对美国、英国、法国和德国的高校实践教学时间进行了统计，发现英国为 15 周，美国 15 周到半年，法国 27 周，德国 72 周②。德国的实践教学时间可谓闻名世界。

（二）实践教学评价严

德国人向来以严谨守时著称，他们做事一般严格遵守既定的秩序和规则。德国应用科学大学实践教学也是如此，主要表现在学生的实验课和企业实践成绩评定上。德国应用科学大学的实验课程跟理论课一样，是独立设置的课程，并有自己独立的考核方式。实验考试时，学生先进行 20 分钟的笔试，凡笔试成绩在 50 分以上者可进入正式的实验阶段，若笔试成绩介于 30-50 分的学生尽管也被允许进入实验阶段，但要进行笔试补考，直至其成绩大于等于满分的50%以上。实验课采取这种考核方式，让学生除了掌握实验原理和实验方法之外，实践动手能力也得到了有效培养和训练③。德国应用科学大学不仅校企合作紧密，而且在实践教学的考核上，实践教学单位实际发挥了主导作用。德国应用科学大学学生在企业培训期间，其实习成绩的考核与评定工作由企业负责。每周实习结束时，学生要提交一份周实习报告，企业会根据学生的表现，在企业主管部门负责人填写评价之后，签字盖章，交给学校负责校企培训的教授，作为实习学期考核的依据④。此外，学生毕业论文（设

① 刘瞧辛，殷红，米靖. 校企合作的典范：德国 FH 的职业教育模式研究 [J]. 职教论坛，2014（25）：84-87.

② 肖美良. 国外教师教育实习特点分析 [J]. 世界教育信息，2006（4）：60-61，64.

③ 张德强. 对德国高校实践教学的印象和思考 [J]. 辽宁工学院学报，2007（3）：. 111-112.

④ 赵晓茜. 借鉴德国应用技术大学工程管理专业教学模式，探索现代应用型教育的转型之路 [J]. 考试周刊，2013（9）：20-21.

计）大多在企业中完成后，企业教师作为学生的第一指导教师，学校教师作为学生的第二指导教师，毕业论文（设计）的答辩及成绩的评定由企业和学校联合完成①。

（三）企业参与积极性高

德国应用科学大学实践教学之所以能形成鲜明的特色而被其他国家纷纷效仿，中小企业的积极参与功不可没。主要表现为：第一，企业积极向学生提供实习岗位和毕业设计岗位。因为在德国，有法律明文规定所有的企业或公司都必须向联邦政府交纳一定数量的职业教育基金，联邦政府或州政府则把这些职业教育资金分配给参与培训的企业或公司，没有参与的则不能获取教育培训基金②。第二，企业向实习学生支付一定的工资。向实习学生支付一定的实习报酬是德国校企合作法律的规定，同时企业也将这种做法看作是自身发展的重要途径。因为企业知道，尽管每月要支付实习学生 300—500 欧元不等的实习工资，但要付给一个正式工人的则是每月高达 3000—4000 欧元的工资，而且应用科学大学的实习学生已经具备了一定的理论和实践基础，实际上充当的是准工人和科研人员的角色，这种低成本、高质量的劳动力，让企业成为实际上的最大赢家。第三，企业是实践教学的主要出资人。公立应用科学大学的办学经费主要由州政府和联邦政府拨款解决，但来自企业的教学、科研合作的经费成了应用科学大学第三渠道经费来源的主体部分。从某种意义上说，应用科学大学的教育相当于一种企业定向培养式教育。当学校的学生和企业签订实习合同，以企业"准员工"的身份接

---

① 曹旭华，南仲信. 德国应用科学大学实践学期教学模式研究［J］. 浙江科技学院学报，2010（5）：381-386.

② 杨荣. 德国"双轨制"应用科技大学对中国高等教育的借鉴意义［J］. 河池学院学报，2014（4）：75-80.

受企业培训（实习）后，企业不仅为学生支付每月约 300-500 欧元的培训津贴，有的还会为学生承担 90% 的学费。企业的慷慨资助不仅消除了学生经费上的后顾之忧，而且毕业时的就业问题基本上得到了解决①。

三、科学研究

德国应用科学大学成立之初的几十年里，高等教育决策者主要将其定位于人才培养这一职能上，并没有强调或赋予学校科学研究的职能。因此，德国应用科学大学未能在科学研究上获得一席之地。随着德国工业进程的不断升级，企业希望学校培养的应用型人才不仅有过硬的专业知识技能，胜任岗位需求，更希望他们有一定的创新能力。1985 年，德国的《高等学校总纲法》对应用科学大学的办学定位作了修正，开展应用性科学研究才上升为应用科学大学的主要任务。此后，以应用为导向的科研逐渐成为应用科学大学除了实践性教学之外又一个区别于综合性大学的标志性特点②。

在德国，高校的经费主要分为基本经费和第三方经费两部分。前者费用主要包括德国高校的人员费、事业费以及建筑和大型设备费用，完全由州政府和联邦政府承担。第三方经费主要是指国家通过第三方机构间接流入高校及其成员手中的科研促进费和为大学生及研究生提供的学习资助费用。20 世纪 80 年代中期开始，德国高校第三方经费的增速已远远大于建设经费，到 2003 年已接近建设经费的五分之一③。为增强

---

① 黄亚妮. 德国 FH 实践教学模式的特色剖析 [J]. 职业技术教育，2004（25）：67-69.

② 徐纯. 德国应用科学大学应用型科研发展研究 [J]. 中国成人教育，2015（6）：102-104.

③ 张帆. 德国两大高校科研排行榜述评 [J]. 大学（学术版），2010（7）：76-83.

德国应用科学大学的科研竞争力，使其有能力和综合性大学一样通过竞争获得第三方经费，德国联邦教育与科研部在 1992 年启动了旨在促进德国应用科学大学校企联合攻关研究能力、科技成果转化、科研促进教学的"应用科学大学的应用性科研和发展"专项资助项目。2005 年至2012 年，该资助项目财政预算从 1005 万欧元增加至 4007 万欧元①。2008 年至 2013 年德国应用科学大学获得的各类科研经费在所有高校中的比重从 8.99%上升到了 12.54%②。

德国高校素有"学术自由"的传统，科学研究是学校独立性较强的研究活动，教授治学得到充分体现。应用科学大学的科研通常是侧重于应用研究和技术开发研究，学校通常都建立了专门的应用科研研究所、技术转化中心和技术应用中心，成立跨专业应用研究机构，来实施各种科研计划③。再加上学校很多教授本身就具备行业企业背景，有丰富的实践工作经历，其研究项目直接与企业挂钩，研究成果转化周期短，能够迅速应用于工业实际和教学实际。例如，维尔道应用科学大学生物化学领域的一位教授与学校附近的一家社区医院合作建立了一个生物化学实验室，其主要致力于生物化学领域一些尖端项目的研究工作④。

得益于德国联邦政府和各州政府实施的多种科研资助行动计划以及企业提供第三方科研经费，德国应用科学大学在科研水平提升上取得了

---

① 徐纯. 德国应用科学大学应用型科研发展研究 [J]. 中国成人教育，2015 (6)：102-104.
② 赵凌. 应用科技大学如何提升科研水平：德国的探索与实践 [J]. 比较教育研究，2016 (2)：59-63.
③ 徐纯，钱逸秋. 德国应用技术大学的应用科研建设与启示 [J]. 天津中德职业技术学院学报，2014 (2)：47-50.
④ 杨聪，孙宾宾. 德国应用科技大学的科研定位及对我国高职院校的启示 [J]. 价值工程，2015 (2)：261-262.

明显成效。从 2008 年到 2013 年，应用科学大学所获专利占全国高校的比例从 2.32%上升到 4.45%，发表在科技刊物（SCI 和 SSCI）上的论文数量占全国的比例从 13.18%提升到了 15.72%①，2006 年至 2011 年，有超过 110 所应用科学大学参与了 800 余个科研资助计划，科研成果获益 1.75 亿欧元②。

四、结语

从德国应用科学大学办学的方方面面，我们可以明显地感受到，德国应用科学大学具有明确和准确的人才培养目标定位和科学研究定位，在教师招录、教授聘任、专业设置与评估、课程安排及考核上，都具有较强的严谨性和严格性。这些特点与我国出台的转型政策的指导思想具有内在一致性。即推动转型发展高校把办学思路真正转到服务地方经济社会发展上来，转到产教融合、校企合作上来，转到培养应用型技术技能型人才上来，转到增强学生就业创业能力上来，全面提高学校服务区域经济社会发展和创新驱动发展的能力。换言之，广大地方本科高校的应用转型唯有从办学定位、师资队伍、专业结构、课程体系与教学活动等方面进行一以贯之的系统性的转变，扎扎实实，一步一个脚印，才能实现从"新建"到"新型"的华丽转身。

---

① 赵凌. 应用科技大学如何提升科研水平：德国的探索与实践 ［J］. 比较教育研究，2016（6）：59-63.
② 徐纯. 德国应用科学大学应用型科研发展研究 ［J］. 中国成人教育，2015（6）：102-104.

第十章 德国应用科学大学相关方的
责任关系及启示

第一节 德国应用科学大学相关方责任关系

2015 年 10 月，教育部、国家发展改革委和财政部联合印发了《关于引导部分地方普通本科高校向应用型转变的指导意见》，正式拉开了地方本科高校转型发展的序幕。文件明确提出，转型的主体是学校，转型的责任在地方，行业企业和社会各界支持。这就从根本上明确了三方在推动地方院校转型发展中应承担的责任。但是三方在转型发展中究竟该如何做，如何处理好三方的关系，文件并没有给出明确的答案。鉴于我国以往没有先例，更没有成熟的改革经验，因此，我们想借助他山之石——德国应用科学大学的成功经验，就这一问题进行较为深入的探讨。

一、政府主责，切实推动转型发展

本次引导部分普通本科高校向应用型转变，无论是前期的调研，还是后期的政策制定，都是国家政府在引导和推动。我们认为，既然高校转型发展是政府行为，政府主责，那么政府就应该营造全社会切实支持地方本科高校转型的良好环境，利用行政法规、评价等行政手段，搭建校企合作、产教融合平台，破解学校和市场之间的瓶颈问题，调动高校和企业两方面积极性，让高校师生到企业实践锻炼，提升质量，让企业深度参与高校管理，获得合作红利。

（一）运用政策手段为地方高校转型发展保驾护航

《转型意见》指出，落实省级政府统筹责任，加快推进评价标准、师资队伍、专业设置等方面配套制度改革，加大对试点高校扩大招生、深化合作办学等政策支持。这说明我国地方高校转型的动力在一定程度上来自于国家政府的主导推动，这是非常符合我国国情和管理体制的行为。德国应用科学大学的发展，应该说其成立的动力主要来自政府对于市场需求的灵敏反映，并受到政府政策法规的积极推动。二战后，德国面临着经济快速复苏、生产技术迅速升级与缺乏较高层次应用型技术人才的矛盾。为解决这一矛盾，1968 年 10 月 31 日，德国政府颁布了《联邦共和国各州高等学校协定》，将部分办学历史较长的 3 年制工程师学校和高级专业学校，在保留其原先办学特色的基础上，进行合并升格，建立本科教育高等学校，正是由于政府的推动和支持下，应用科学大学应运而生①。1976 年，德国颁布了《高等教育总纲法》，正式明确了应用科学大学作为高等教育机构的法定地位②。之后，德国又根据需要先后 4 次修订该法，从而推动德国应用科学大学逐步走向健康发展的轨道。借鉴德国政府经验，我国政府应及时出台应用型大学建设、评估

---

① 陈正. 德国应用技术大学的历史变迁对我国职业教育的启示［J］. 国家教育行政学院学报，2014（10）：84-88.

② 邓泽民，董慧超. 德国应用科学大学研究［M］. 北京：科学出版社，2017：5-6.

标准、"双师双能型"教师认定办法、经费投入与使用管理办法等政策，破解地方高校转型发展的瓶颈。

（二）运用经济手段为地方高校转型发展纾困解难

有专家经过测算，认为应用型大学的教学装备费用要比其他大学昂贵得多，一般应多2-3倍①。这一点《转型意见》也明确要求各地政府对改革试点高校给予经费政策倾斜，但是应明确转型发展专项资金的用途用量，避免部分学校为了争取学校发展资金而竞相申报的不良意图。德国政府除了为德国应用科学大学提供必要的教学基础设施建设经费外，还对其增设应用科学研究投入资金，德国联邦教育与科研部在1992年给予应用科学大学应用性科研和发展专项资助项目。2005年至2012年，资助项目财政预算从1005万欧元增幅至4007万欧元②。在德国联邦政府和各州政府多种科研资助行动计划的支持下，德国应用科学大学的科学研究取得了明显成效，如前文所述，其专利申请、论文发表和科研资助项目都获得了较大提升。基于应用科技大学应用科研的重要性和发展态势，下莱茵应用科学大学校长汉斯·亨尼希（Hans-hennig von Grüberg）认为，德国有必要在科学基金会（UTB）③基础上，再设立一个主要成员由应用研究和科学成果转化研究的高校组成的协会，资助应用科学研究成果④。办学经费是制约地方本科高校转型发展的重要因素，目前地方本科高校自身的"造血"功能普遍不强，一项基于全

① 郑国强. 创建面向21世纪的新应用型大学［J］. 高等教育研究，1999（5）：93-95.
② 徐纯. 德国应用科学大学应用型科研发展研究［J］. 中国成人教育，2015（6）：102-104.
③ 德国科学基金会（UTB），是1951年成立的主要资助基础科学研究的非政府协会，成员主要由综合大学以及重要的科研机构与研究院组成。
④ Hans-hennig von Grüberg，陈颖. "德国转化与创新机构"之必要性研究——以德国应用科学大学为例［J］. 应用型高等教育研究，2018（1）：5-10.

国 27 个省份 86 名地方高校校级领导的调研结果显示，有 9.5% 的院校生均经费标准低于 1.2 万元，还有 14.1% 的院校拨款不能到位①。因此，政府的经费支持是必要的，但是钱要花得适得其所，一旦地方院校拥有了较强的服务地方的综合实力后，来自行业企业的资金资助就会成为新的增长极，学校发展将会步入良性循环。

（三）运用评估手段确保地方高校转型发展的质量

评估制度是我国政府为确保高等教育质量采用的重要而有效的手段，教育部高教司原司长张大良撰文指出，地方本科高校转型发展，要建立以支撑力和贡献率为导向的综合评价体系，指导转型高校加强自我评估②。作为德国应用科学大学的举办方，德国政府除了在法律法规和经济上支持德国应用科学大学的发展外，还对德国应用科学大学实施各种教育教学评估，确保其教育教学质量。为了客观公正地评价学校的办学水平，德国政府不直接组织对应用科学大学进行质量认证评估，通常授权独立于教育主管部门和高校的第三方专门机构，这些认证机构均有严格的标准化质量认证体系，认证过程非常严格。通常包括四个步骤。首先学校挑选评估认证机构，签署认证协议。其次，学校自评并向认证机构提交认证专业报告。第三，认证机构委派专家现场评估、访谈、查阅资料，提出认证的初步建议，学校可以对建议发表自己的意见或进行说明。第四，评估认证专家委员会正式表决认证结果。可以说，正是有这样的一种质量观念，应用科学大学才获得了"是通过最严格的评估

---

① 邢晖，郭静. 经济新常态背景下地方高校转型发展的调查与建议——基于全国 27 个省份 86 名地方高校校级领导的调研 [J]. 重庆高教研究，2015（5）：11-14.

② 刘峥，朱丽. 产教融合背景下地方本科高校转型发展研究 [J]. 淮海工学院学报（人文社会科学版），2018（7）：122-126.

认证机构评估认证的，并且获得较高等级的学校"的美誉①。可喜的是我国当前许多省份已经开展了对试点转型院校的中期评估检查，浙江省教育厅于 2017 年率先在全国第一个制定出台了《应用型本科院校建设指导性评价指标体系》，为全省乃至全国应用型高校的建设指明了方向。

二、高校主体，扎实开展转型工作

如果说政府的引导和行业企业的支持是地方本科高校转型发展的外因和条件，学校找准和调整自己的发展定位，做好师资队伍和专业建设，以及实施民主开放的教育管理则是其转型的内因和依据。

（一）找准定位是学校转型发展的关键

办学定位决定学校发展的性质和方向。《转型意见》明确要求转型高校要确立应用型的类型定位，以培养应用型技术技能型人才的职责为使命。这一要求是学校转型首要考虑的重大问题，是学校发展的根本性问题。如果定位不转变，必将影响到后续的师资队伍建设、专业建设、课程建设、科学研究等各方面的工作。众所周知，德国拥有许多办学历史悠久、学术水平处于前列的大学，如德国柏林大学、慕尼黑大学等，这类大学主要开展基础科学研究，培养学术性人才，在德国处于大学的金字塔尖。德国应用科学大学因为办学历史相对较短，没有深厚的学科积累，因此，这类大学在办学定位和人才培养目标定位上，实行了与传统精英大学错位发展的定位，面向地方经济社会，培养各行业应用型人才。德国首所应用科学大学人才培养目标规定：学校通过对学生进行专

---

① 杨荣. 德国"双轨制"应用科技大学对中国高等教育的借鉴意义［J］. 河池学院学报，2014（4）：75-80.

业理论和技能教育，使他们成为拥有各种专门职业技术的高级应用型、工程师类职业的实践工作者①。1976 年德国联邦会议通过《高等教育总法》，明确应用科学大学办学定位是为社会职业而实施科学教育，而不是为实施职业教育而传授某些理论知识②。无独有偶，我国教育部《关于"十三五"时期高等学校设置工作的意见》（教发〔2017〕3 号）也以人才培养定位为基础，将我国高等教育总体上划分为研究型、应用型和职业技能型三大类型。其中，应用型高等学校主要培养服务经济社会发展的本科以上层次应用型人才，并从事社会发展与科技应用等方面的研究。

（二）师资队伍与专业建设是学校转型发展的重点

1. 师资是学校第一人力资源，对培养高素质人才起关键作用

《转型意见》指出，要通过调整教师结构，改革教师聘任、评聘制度和评价办法，学校教师与行业企业高工高管互派交流等办法，切实加强应用型大学需求的"双师双能型"教师队伍建设。德国应用科学大学师资队伍建设，闻名于世，他们按照学校的办学定位，对教师队伍建设提出了严格的要求。德国应用科学大学的教师队伍主要由教授、教学专业人员和兼职教师组成。教授职位晋升难度最大，除了拥有较高的学历学位和出众的研究成果外，还必须有 5 年以上的与专业相关的行业经历，并取得骄人的成绩③。此外，德国应用科学大学还聘请有大量的行

---

① 张庆久. 德国应用科技大学与我国应用型本科的比较研究［J］. 黑龙江高教研究，2004（8）：31-33.

② 薛晓萍，刘玉菡，刘兴国. 德国应用科技大学发展历程及其启示［J］. 河北科技大学学报（社会科学版），2015（3）：96-100，106.

③ 李继刚，张益刚. 德国新《大学纲要法》实施后教授升等制度改革研究［J］. 外国教育研究，2018（6）：78-88.

业企业兼职教师，他们与专职教师的比例一般在 6∶4 左右，甚至更高①，主要是满足专业结构的灵活变动。这些做法对我国转型高校而言无疑具有重要的参考价值。

2. 专业是学校人才培养的基本单元，是学校转型发展的重点

专业建设包括了从设置、专业定位与规划、招生、人才培养方案、课程体系、教学资源、质量保障等方方面面的工作。《转型意见》中对于主要任务，也主要是从专业建设角度提出了各种要求。德国应用科学大学的专业主要偏重理工科，专业数量一般在 20-30 个。专业设置贴近业界需求，能跳出按照学科设置专业的藩篱，按照工程或工艺技术需要设置。如德国布伦瑞克-沃芬比特应用科学大学因其一个校区位于大众公司总部沃尔夫堡，就设立了汽车工程等以机械工程类为主的专业，培养大量汽车行业的工程师②。此外，德国应用科学大学专业设置避免重复布点带来恶性竞争，往往那些能获得企业赞助的专业最终能够得到文化部的批准③。德国应用科学大学课程体系与教学崇尚实用，注重实践。德国各州应用科学大学的学制一般为 3.5 年或 4 年，即 7 个学期或 8 个学期，一般情况下，第 1、2、4、5、7、8 学期为在校学习，第 3、6 学期在校外实习基地学习。除了在实习基地学习外，德国应用科学大学每年还有项目周，时间在 1-2 周，主要安排学生外出考察，相当于我们的专业见习。通常情况下，德国应用科学大学的课程体系中理论课

---

① 孙进. 德国应用科学大学的办学特色——类型特色与院校特色分析［J］. 比较教育研究，2011（10）：66-70.

② 王健. 德国应用科技大学（FH）对我国高等职业教育发展的启示——以黄冈职业技术学院为例［J］. 黄冈师范学院学报，2014（6）：88-92.

③ 秦洪浪. 德国 FH 的办学特色对我国高职教育的启示——以代根多夫应用科技大学为例［J］. 金华职业技术学院学报，2014（2）：6-9.

程和实践课程总学时比例约为 1：1①。基本上与我国高职院校的比例相当，但远远高于我国转型本科高校。其课程教学以实践为导向，几乎没有纯理论的课程。正如上文所述，即便是高等数学这样的专业基础课程也常常采用实际案例让学生来完成计算与分析。为增强课程的应用性，其教学场所不拘一格，花园、商场、车站、市政厅都能成为他们的课堂②。

3. 民主开放的管理是学校转型发展的保障

《转型意见》要求适当扩大招收中职、专科层次高职毕业生的比例，还可招收在职优秀技术技能人员；要求构建功能集约、资源共享、开放充分、运作高效的专业类或跨专业类实验教学平台；要求建立学校、地方、行业企业和社区共同参与的合作办学、合作治理机制等。这就向传统封闭性、单一性的学校管理提出了挑战，需要学校适应转型带来的变化，积极融入社会，转变管理观念，实施开放、民主的管理模式。总体而言，德国应用科学大学的学校管理是一种开放民主的管理模式，主要由校议会（校董会）、校务会和校监会三方权力构成，均有人数不等的校内外人士组成，发挥校外人士对学校的监督作用。在校内，德国应用科学大学实行教授治校、学生参与的管理方式。大学生有权参与教学管理、行政事务管理，如选课、选教师，参与教学评价、教授聘用、校系领导选聘，参与科研项目、管理学生专业社团等③。教授则拥有自由研究和教学的无限权利的传统，教授治校体现在学校管理的各个

① 黄炳华，刘跃明. 德国应用技术大学机械工程学科教学模式及其特色分析 [J]. 职业技术教育，2009（5）：89-93，95.
② 吴琛，詹友基. 德国应用技术大学课堂教学特点及启示 [J]. 高等理科教育，2015（1）：62-66.
③ 谭谊. 德国应用科技大学学生参与学校教学管理探析——以代根多夫应用科技大学为例 [J]. 商品与质量：消费研究，2014（10）：97-98.

层面和环节。如校、系正副职领导必须在教授中产生，校议会和系议会成员中教授占多数，课程如何开设、教学如何组织、学生实验实训课程如何开展、科研经费如何管理等教学环节均由教授自己确定，体现了学术自由①。

三、企业支持，积极参与学校转型

行业企业应从科教兴国、创新驱动的大局出发，秉持民族发展大义，担负起国家发展责任，就像邓小平同志当年所讲，我们要千方百计，在别的方面忍耐一些，甚至牺牲一点儿速度，把教育问题解决好②。行业企业应积极响应国家政策号召，积极主动参与到地方高校转型中来，与地方本科高校一起，共同组建教育集团，共建共管二级学院，全方位全过程参与学校管理、专业建设、课程设置、人才培养和绩效评价，合力助推学校转型发展。

（一）积极开展校企合作支持地方高校转型

为解决人才培养供给侧和产业需求侧在结构、质量、水平上还不能完全适应造成的"两张皮"问题，国务院办公厅发布了《关于深化产教融合的若干意见》（国办发〔2017〕95号），要求充分调动企业参与产教融合的积极性和主动性，强化政策引导，鼓励先行先试，促进供需对接和流程再造，构建校企合作长效机制③。"双元制"是德国职业教育最成功的教学模式，其能够顺利实施与德国大量企业的支持密不可

---

① 谭谊.德国应用科技大学学生参与学校教学管理探析——以代根多夫应用科技大学为例 [J].商品与质量：消费研究，2014（10）：97-98.
② 邓小平.邓小平文选（第三卷）[M].北京：人民出版社，1993：275.
③ 国务院办公厅.国务院办公厅关于深化产教融合的若干意见 [EB/OL].中国政府网.2017-12-19.

分。在德国，政府对积极有效参与办学的企业实行教育基金制度，即所有企业必须向政府交纳一定数量的职业教育基金，凡是参与校企合作且效果良好的企业将获得政府的职业教育基金，未参与培训的企业或公司则将失去教育培训基金①。这就从政策上调动了企业参与校企合作的积极性，企业也愿意为学校提供大量实习岗位，确保了德国应用科学大学长达两个学期的实习教育。可喜的是，2018 年教育部等六部门联合印发《职业学校校企合作促进办法》（教职成〔2018〕1 号）作出了"县级以上地方人民政府对校企合作成效显著的企业，可以按规定给予相应的优惠政策"的规定。

（二）为地方高校转型提供实习岗位及资助

充分的专业实践是培养应用技术技能型人才的保证，过去，甚至现在，很多学校的校企合作依然是"两张皮"，一方面学校培养的人才动手能力差，一方面企业不愿意接受学校的实习生，且不会将其安排在重要的岗位上。德国企业不仅为应用科学大学提供实习岗位，而且很多企业还为实习生支付一定数量的实习报酬。因为对于德国企业来说，积极吸纳学生实习实训，甚至支付他们一定的工作报酬，都是一桩划算的买卖，因为他们不仅雇佣到了成本低廉的高素质员工，而且也可以从这些高素质的应用科学大学的实习生中物色企业所需要的人才，省去了对外招聘的成本。企业为学生支付的报酬一般为每月 300-500 欧元，有个别企业甚至还为学生垫付 90% 的学费。企业的这种"慷慨"行为不仅基本解决了学生在校期间的生活学习费用，而且也很好地解决了学生的就

---

① 杨荣. 德国"双轨制"应用科技大学对中国高等教育的借鉴意义［J］. 河池学院学报，2014（4）：75-80.

业问题①。对此，我国《职业学校校企合作促进办法》也作出了明确规定，即"企业应当依法依规保障顶岗实习学生或者学徒的基本劳动权益，并按照有关规定及时足额支付报酬。任何单位和个人不得克扣。"我们认为，这是很好的规定，但重要的是能推进落实。

（三）为地方高校转型发展提供资金支持

20世纪90年代以来，德国为了应对经济发展放缓而带来的对高等教育发展资金投入的压力，引入了"第三方经费"，鼓励企业或基金会为高校发展提供经费资助。据统计，该项经费一般能占高校总经费的12%到16%左右②。表明第三方经费在德国高校发展中已经越来越有分量。由于应用科学大学拥有硕士学位授予权，并开始争取博士学位授予权，学校注重并加强了应用研究的力度。近些年，应用科学大学教授获得的第三方经费呈稳步增长趋势，据2018年统计，第三方经费已经占到了德国应用科学大学教授科研经费的近40%③。我国地方本科高校经过十几年的发展，无论在规模上，还是教学质量上都取得了长足发展，目前学校的师资水平和学科专业建设水平都有了很大的发展，有不少学校已经获得硕士点，具备了一定的研究基础，在政策的支持下，我们相信，随着地方本科高校校企合作不断向纵深发展，企业从校企合作中获益，向学校注入资金，反哺学校人才培养、科学研究带来的机会成本和技术成本，一定会成为未来发展趋势。

① 黄亚妮. 德国FH实践教学模式的特色剖析［J］. 职业技术教育，2004（25）：67-69.
② 范文曜，马陆亭. 国际视角下的高等教育质量评估与财政拨款［M］. 北京：教育科学出版社，2004：70.
③ Federal statistics office. Expenditure on education and culture［EB/OL］.［2018-5-10］.

第二节　德国应用科学大学治理经验启示

德国应用科学大学治理的经验告诉我们，通过政府、大学和市场三者合力，加强"官、学、研"一体化发展，提高科技产业效能和市场核心竞争力，从而最终使三者共同获益①。我们认为，地方本科高校转型发展的过程其实也是重塑政府、高校和企业的关系的过程，如何处理三者之间的关系，"三重螺旋"理论无疑提供了很好的依据。

一、正确认识和处理好政府与学校的关系

长期以来，我国高校办学在学科专业设置、教师聘用、教学经费、科研项目管理等方面受制于政府，成为政府行政权力的附属物，政府对高校事务干涉过多、包办过多，致使高校深深陷入"行政化"的泥潭不能自拔②，严重制约了高校的办学活力和创造性。当前众多学者认为，政府要转变对高校的管理方式，要从"划桨者"转变为"掌舵者"，更多使用监督、评价等间接性方式确保转型质量。我们认为，厘清政府主责与高校主体之间的关系，其关键在于政府的角色定位。政府在地方高校转型发展过程中不能再像过去一样包办代替，而是充分发挥政策的引导作用和市场在资源配置中的决定作用，甚至通过购买服务的方式，推动地方高校转型健康发展。另一方面，根据《中华人民共和

---

① ETZKOWITZ H，LEYDESDORFF L. The Dynamics of Innovation：From National Systems and "Mode 2" to a Triple Helix of University – Industry – Government Relations ［J］. Research Policy，2000，29（2）：109-123.

② 陆禄. "去行政化"改革背景下政府—高校关系重构研究——以南方科技大学为例 ［D］. 北京：首都经济贸易大学，2015：2.

国高等教育法》《关于深化教育体制机制改革的意见》等法规要求，高等学校要依法落实办学自主权，完善中国特色现代大学制度。当然，深化"放管服"改革，转变政府职能并不意味着对高校放弃该管的部分权利，更不是撒手不管，而是让自己从事无巨细的"管家婆"角色变成宏观调控的"设计师"，尊重地方高校首创，选树典型引领，为高校转型发展搭建校企合作平台，破解高校在转型发展中遇到的政策瓶颈问题。因此，地方本科高校转型发展不是"独角戏"，需要政府真正负起责任来，针对学校转型中存在的定位、专业结构、师资队伍、人才培养模式、产教融合、办学经费等方面问题，制定相关配套政策，牵线搭桥，真正帮助学校解决难题，而不是上传下达，避实就虚，搞形式、走过场。

二、正确认识和处理好政府与行业企业的关系

处理好政府和市场关系是经济体制改革的主线。其实，在我国多年的市场经济发展过程中，政府与行业企业或称以行业企业为代表的市场的关系同政府与高校的关系一样，政府对市场的介入过多，甚至干预过多，制约了市场发展的活力。改革开放之初，我国市场经济体制尚处于探索阶段，发展还远不成熟，只能摸着石头过河，实行把计划和市场有机结合起来的体制机制。党的十四大确立了建立社会主义市场经济体制是我国经济体制改革的目标，使市场在国家宏观调控下对资源配置起基础性作用。从那时起，一直到十八大期间，政府与市场的关系日趋发展为平等的并列关系。随着我国政府对市场经济认识的不断加深，以及市场在经济发展中的作用日益凸显，党的十八届三中全会果断将市场的"基础性"作用改成了"决定性"作用，也就意味着，政府要开始退到市场之后，更多地发挥调控、引导作用，而不直接参与配置资源。在地

方本科高校转型发展这一问题上，政府应积极发挥调控和引导作用，搭建各种校企合作、产教融合的平台及运行机制，运用政策法规手段维护双方利益，对于积极参与高等教育合作并且产生良好合作效果的企业，政府应按照相应政策给予一定的奖励或税收优惠，甚至允许有资质的企业办高等教育，培养更多适应市场需求的专门人才。

三、正确认识和处理好学校与行业企业的关系

地方本科高校转型发展功在当代，利在千秋，是全社会都应该关注和支持的一项系统工程，绝不是自演自唱的"独角戏"。《转型意见》中多次提到校企合作、产教融合，如发挥政府宏观调控和市场机制作用，推进需求传导式的改革，深化产教融合、校企合作。以产教融合、校企合作为突破口，根据所服务区域、行业的发展需求，找准切入点、创新点、增长点。建立产教融合、协同育人的人才培养模式，实现专业链与产业链、课程内容与职业标准、教学过程与生产过程对接①。2017年12月和2018年2月，国务院和教育部分别出台了《关于深化产教融合的若干意见》《职业学校校企合作促进办法》。这两个文件对地方本科高校转型发展职业教育而言可谓是"及时雨"和"组合拳"，很好地弥补了我国高校与企业之间缺乏合作政策依据的空白。这两个文件的出台，必将破解校企合作运行机制不顺畅、合作协议不规范、育人效果不明显等难题，激发行业企业参与职业教育的内生动力②。校企合作的具体做法，国外已有不少成熟的经验，如德国的"双元制"模式，美国

---

① 教育部 国家发展改革委 财政部关于引导部分地方普通本科高校向应用型转变的指导意见 [EB/OL]. (2015-10-23).

② 教育部职业教育与成人教育司负责人就《职业学校校企合作促进办法》答记者问 [EB/OL]. (2018-4-28) [2018-05-26].

的"合作教育"模式，英国的"工学交替"模式，澳大利亚的"TAFE"（Technical and Further Education）模式以及日本的"官产学研合作"模式。这些成功的校企合作、产教融合模式，无不是企业积极参与和政府积极推动的结果①。正像教育部学校规划建设中心陈锋主任所说那样，地方高校要实现转型发展，必须依靠政府、学校和产业界的紧密合作②。因此，在我国转型发展高校与行业企业的合作上，政府应做好"红娘"，中间牵线，找准企业有利、学校有益的共同点，建立互信共赢的关系，路才能走稳、走远。

---

① 刘汉成. 地方本科院校转型发展的实践探索［M］. 北京：中国经济出版社，2015：207-211.

② 陈锋. 地方高校转型发展须依靠政府、学校和产业界的紧密合作［J］. 河南教育（高教版），2015（1）：10.

第十一章　地方本科高校转型治理成效与模式

第一节　地方本科高校转型治理成效

2014 年初，教育部在河南黄淮学院举行地方本科高校转型发展座谈会，会上发布了《关于地方本科高校转型发展的指导意见（征求意见稿）》，之后各省（自治区、直辖市）纷纷响应并行动，出台本区域高校转型实施方案，遴选试点转型高校并陆续向社会公布实施。据教育部官员透露，截至 2020 年，全国共有 27 个省市区 524 个转型试点学校，其中，实施整体转型的有 351 所学校①。本节以河北省 3 所试点转型高校为例，对其转型治理成效和经验进行评价和分析，为全国地方本科高校转型发展提供参考。

2014 年 10 月，河北省教育厅根据教育部这份指导意见，发布了《河北省教育厅关于印发遴选本科高校转型发展试点学校的通知》，经

---

① 郭俊朝，尹雨晴. 地方普通本科高校向应用型转变试点五年回顾与思考［J］. 职教通讯，2021（08）：23-31.

过两轮评审，2015 年 4 月遴选出 10 所高校成为转型发展试点校①。经过 5 年建设期，2020 年河北省教育厅组织专家组对这 10 所试点院校进行了评估验收，年底发布了验收结果通报（下文简称《通报》），其中 8 所院校被评为"河北省本科高校转型发展示范学校"②。

一、研究思路

我们期望通过对第一轮试点高校转型验收自评报告进行分析，聚焦转型治理成效方面，按照国家对转型工作的指导意见，依据河北省转型验收评估指标体系，从定量和定性两个角度，科学研判其转型发展成效，提出存在的问题和改进建议，为后续转型试点高校以及有转型意愿的高校提供有益参考，多快好省地开展转型工作。

二、研究对象的确定

2015 年河北省确定的首轮 10 所转型试点高校中，主要包括 2 所行业性院校、3 所新建本科院校（师专升本院校）、2 所独立学院和 3 所民办院校，基本代表了河北省地方本科高校的结构。我们分别从上述 3 类院校中各抽取了 1 所，分别命名为甲、乙、丙学校，作为本研究的对象，甲学校为行业性院校、乙学校为新建本科院校、丙学校为独立学院。

---

① 河北省教育厅. 河北省确定十所本科高校向应用技术型高校转型［EB/OL］. 中国教育在线. 2015−04−20.

② 河北省教育厅 河北省发展和改革委员会 河北省财政厅. 关于对我省普通本科高校转型发展第一批试点学校验收评估情况的通报［EB/OL］. 河北省教育厅. 2020−12−31.

三、评价设计与评价方法

（一）研究设计

成效一般指所获得的好效果和功效，主要表现为事物或工作的结果。我们认为，转型发展成效主要可以以工作的好的结果或效果来呈现，一方面可以从横向或纵向进行比较，表征转型发展的积极变化程度，如"双师双能型"教师增长比例等；一方面可以通过转型工作产生的经济效益或社会影响来表征，如成果转化的效益等。根据这种思路，我们以教育部、国家发展改革委和财政部 2015 年联合印发的《关于引导部分地方普通本科高校向应用型转变的指导意见》中的四个转变为依据，即推动转型发展高校把办学思路真正转到服务地方经济社会发展上来，转到产教融合校企合作上来，转到培养应用型技术技能型人才上来，转到增强学生就业创业能力上来，概括为服务社会、产教融合、人才培养、创新创业。为明晰应用型高校的发展目标和定位，更有利于高校的转型发展①，河北省发布了关于开展本科高校转型发展试点验收评估的通知，制定了验收评估指标体系，主要包括顶层设计、内涵建设、保障机制和特色创新四个评估维度，治理结构、产教融合、"双师双能型"教师队伍、社会服务、制度建设与质量保障、办学特色等 13 个一级指标、39 个二级指标、56 个评估要素点。为了更加客观展现转型成效，我们从河北省转型试点高校验收评估指标体系中筛选和整合出与四个转变相关的指标，形成新的转型发展成效评价指标体系，包括 4 个一级指标，19 个二级指标，28 个评价要素（表 11-1）。

---

① 张妍. 基于 CIPP 模型的应用型高校教育质量评价指标体系构建［J］上海教育评估研究，2018（01）：8-12.

表 11-1　转型发展成效评价指标

一级指标	二级指标	评价要素	A 级标准	C 级标准
1. 人才培养	1.1 人才培养模式	应用型人才培养模式及实施效果	适应应用型人才培养需要，实施效果显著	基本适应应用型人才培养需要，实施效果较好
	1.2 人才培养方案	1）实践学分占总学分比例	30%以上	25%以上
		2）行业企业参与情况	60%以上的专业核心课程有参与	50%以上的专业核心课程有参与
	1.3 教学方法改革	1）与应用型人才培养相适应的教学方法改革与实施情况	70%以上专业核心课程开展改革	50%以上专业核心课程开展改革
		2）专业课程运用真实任务、真实案例教学覆盖率	90%以上	70%以上
	1.4 教材建设	教材建设情况	制度健全，选用教材符合应用型人才培养需要	制度健全，选用的教材基本符合应用型人才培养需要
	1.5 实践教学	1）实践教学资源建设情况	较好满足人才培养需要	基本满足人才培养需要
		2）毕业论文（设计）选题来自真实任务占比情况	50%以上	40%以上
	1.6 人才培养质量	1）毕业生岗位适应能力、起薪水平和就业稳定性	较转型前有较大提高	较转型前有所提高
		2）转型试点以来年均初次就业率	90%以上	80%以上
		3）转型试点以来年均对口就业率	80%以上	70%以上

一级指标	二级指标	评价要素	A级标准	C级标准
2创新创业教育	2.1 双创教育学分	创新创业教育纳入人才培养方案情况	纳入人才培养方案，设立专门创新创业教育学分	虽未纳入人才培养方案，但有置换相应课程学分的制度设计
	2.2 双创教育融入	创新创业教育在专业教学中体现情况	专业建设、课程大纲、课程教学、成绩考核等各环节、各类学生创新创业获奖充分体现创新创业教育精神指向	专业建设、课程大纲、课程教学、成绩考核等各环节、各类学生创新创业获奖基本体现创新创业教育精神指向
	2.3 双创教育方案	创新创业教育实施方案及落实情况	制定专门创新创业教育改革方案，落实效果较好	制定专门创新创业教育改革方案且基本得到落实
	2.4 双创教育平台	创新创业教育中心（平台）建设情况	与行业、企业协同共建创新创业教育基地，机构、人员、场地、经费等满足应用型人才培养需要	与行业、企业协同共建创新创业教育基地，机构、人员、场地、经费等基本满足应用型人才培养需要
	2.5 双创教育成果	学生创新创业成果数量（含省级以上各类创新创业项目、获奖）	成果显著，获得省级及以上各类创新创业项目立项和奖励多	成果明显，获得省级及以上各类创新创业项目立项和奖励较多
3. 产教融合	3.1 校企合作办学	1）与行业企业开展实质性合作办学的专业覆盖率	60%以上	50%以上
		2）校企（行）签订实质性合作协议的专业覆盖率	100%	80%以上
	3.2 校企（政）建立研发平台（实验室）	校企（政）建立研发平台（实验室）对应用型人才培养的支撑度	较好满足应用型人才培养需要	基本满足应用型人才培养需要
	3.3 "双师双能型"教师队伍	1）"双师双能型"教师队伍情况	50%以上	40%以上
		2）来自行业企业的兼职教师情况	能够满足人才培养需要	基本满足人才培养需要

一级指标	二级指标	评价要素	A级标准	C级标准
4. 服务社会	4.1 科研项目	科研项目与经费	较转型前有较大增加	较转型前有所增加
	4.2 科研平台	科研平台建设情况	有一定数量的省部级及以上科研平台，与地方经济社会发展需求匹配度高，服务能力、效果显著	有一定数量的市级及以上科研平台，与地方经济社会发展需求匹配度较高，服务能力、效果较明显
	4.3 科研成果	1）应用型研究成果情况	取得成果数量多，建设期内总体趋势向好	取得成果数量较多，建设期内总体趋势稳中向好
		2）科技成果转化情况	转化率高，产生较好的经济社会效益和影响	科技成果、专利发明的转化率较高，产生积极经济社会效益和影响
		3）咨政报告被政府（部门）采纳情况	咨询建议被各级政府（部门）采纳，层次高、影响大，数量较多	咨询建议被各级政府（部门）采纳，层次较高，有一定影响
	4.4 培训服务	面向行业或地方企事业单位开展培训服务情况	积极开展非学历培训服务，成效显著	开展非学历培训服务，取得一定成效
	4.5 社会影响	社会服务工作影响力	注重服务社会，形成一定量的品牌项目，成效明显	较注重服务社会，有一定成果和影响

（二）评价方法

我们主要采用量化统计方法，对标三所试点高校自评报告中的相关信息，以河北省转型试点高校评估验收指标体系设定的评估等级为评判标准，对三所试点高校自评等级进行审核，并对不合适的自评等级进行客观修正。每个评价要素达到A级标准的为优秀，赋10分，达到C级标准的为合格，赋6分，介于A级和C级之间为良好（B级），赋8分，达不到C级标准为D级，不合格，赋4分，各项评价要素得分之和与总分相比，达到90%以上为转型成效显著；80%以上、90%以下为转型成效明显；60%以上、80%以下为转型有成效。

四、评价结果

（一）定量评价

1. 人才培养转型发展成效评级

表 11-2　人才培养转型成效评级

评价要素	甲校自评等级/修正等级	乙校自评等级/修正等级	丙校自评等级/修正等级	备注
1）应用型人才培养模式及实施效果	A	A	A	
2）实践学分占总学分比例	A	A	A	
3）行业企业参与情况	A	C	A	
4）与应用型人才培养相适应的教学方法改革与实施情况	A	A	A	
5）专业课程运用真实任务、真实案例教学覆盖率	A	C	A	
6）教材建设情况	A/C	C	A/C	三所学校均有教材选用制度，但自编应用型教材较少
7）实践教学资源建设情况	A	A	A	
8）毕业论文（设计）选题来自真实任务占比情况	A	A	A	

续表

评价要素	甲校自评等级/修正等级	乙校自评等级/修正等级	丙校自评等级/修正等级	备注
9）毕业生岗位适应能力、起薪水平和就业稳定性	A	A/C	A/C	乙校毕业生薪酬增长不明显；丙校毕业生稳定性70%
10）转型试点以来年均初次就业率	A	C	A	
11）转型试点以来年均对口就业率	A	A	A	

表 11-2 说明，三所试点学校在教材建设，尤其是自编应用型教材上还存在不足，乙学校 2020 年才出台教材管理办法，教材建设工作明显滞后。

2. 创新创业教育转型发展成效评级

表 11-3 创新创业教育转型成效评级

评价要素	甲校自评等级/修正等级	乙校自评等级/修正等级	丙校自评等级/修正等级	备注
1）创新创业教育纳入人才培养方案情况	A	A	A	
2）创新创业教育在专业教学中体现情况	A	A	A	
3）创新创业教育实施方案及落实情况	A	A	A	
4）创新创业教育中心（平台）建设情况	A	A	A	

评价要素	甲校自评等级/修正等级	乙校自评等级/修正等级	丙校自评等级/修正等级	备注
5) 学生创新创业成果数量（含省级以上各类创新创业项目、获奖）	A	A/D	A*/D	乙、丙两校获奖数均低于全省同类学校平均水平

表 11-3 说明，三所试点转型高校十分重视创新创业教育工作，从总体设计到平台建设投入了大量人力物力，但是在成果数量上出现了明显差异，甲学校五年转型发展期间共获得省级及以上创新创业类奖项 2239 项，年均 447.2 项，而乙、丙学校省级以上创新创业年均获奖数分别为 37.2 项和 39 项，低于河北省 2019 年度新建本科院校和独立学院校均获奖数 44.09 项和 39.5 项。

3. 产教融合转型发展成效评级

表 11-4　产教融合转型成效评级

评价要素	甲校自评等级/修正等级	乙校自评等级/修正等级	丙校自评等级/修正等级	备注
1) 与行业企业开展实质性合作办学的专业覆盖率	A	A	A	
2) 校企（行）签订实质性合作协议的专业覆盖率	A	B	A	
3) 校企（政）建立研发平台（实验室）对应用型人才培养的支撑度	A	A	A	
4) "双师双能型"教师队伍情况	A	C	A	

评价要素	甲校自评等级/修正等级	乙校自评等级/修正等级	丙校自评等级/修正等级	备注
5) 来自行业企业等外聘教师情况	A	A/D	A/D	乙、丙两校外聘教师数均低于全省平均水平

表 11-4 显示，在产教融合方面，作为师专升本院校的乙校，无论在校企合作方面，还是"双师双能型"教师以及行业兼职教师方面，都显示出劣势。乙校、丙校在 2018、2019 两年聘请校外教师年均分别为 120 人和 166 人，远低于河北省同期新建本科院校和独立学院校均 151.5 人和 259.4 人的标准。

4. 社会服务转型发展成效评级

表 11-5　社会服务转型成效评级

评价要素	甲校自评等级/修正等级	乙校自评等级/修正等级	丙校自评等级/修正等级	备注
1) 科研项目与经费	A	A/D	A	乙校项目数和经费均低于省同类高校平均数
2) 科研平台建设情况	A	A/D	A/D	乙、丙两校转型期间均未取得省部级科研平台
3) 应用型研究成果情况	A	A/C	A/ C	中国知网检索发现，乙校论文数量高于全省新建本科院校平均水平，但呈现逐年下降趋势；丙校略高于全省独立学院平均数量，趋势稳中向好

评价要素	甲校自评等级/修正等级	乙校自评等级/修正等级	丙校自评等级/修正等级	备注
4）科技成果转化情况	A	C	A	
5）咨政报告被政府（部门）采纳情况	A	C	A	
6）面向行业或地方企事业单位开展培训服务情况	A	A	A	
7）社会服务工作影响力	A	A	A	

表 11-5 显示，在省级科研平台、应用型研究成果及咨政报告采纳数量上，乙、丙两校处于劣势，尤其是师专升本的乙校，差距更为明显。

（二）定性评价

通过三所试点高校的转型发展自评报告可以发现，这三所学校十分重视转型发展这一契机，通过 5 年的建设与发展，他们在人才培养质量上和社会服务水平上均获得了明显提升。

1. 转型发展观念深入人心

2014 年初，力推转型发展的时任教育部副部长鲁昕将地方本科高校转型面临的困难总结为"六大难题"，其中"观念转变难、学校理念转变难"放在了前两位①。深刻说明观念的转变和解放既是转型工作的最大瓶颈，也是转型工作顺利推进的前提和基础。在这一点上，三所院校高度重视，均成立了校级层面的转型发展工作领导小组，利用学校党

① 鲁昕. 黄淮学院对地方高校转型发展具有典型的示范性［EB/OL］. 黄淮学院. 2014-01-14.

代会、教代会并以思想解放大讨论的形式开展了转型发展宣讲和学习活动，且邀请了不少专家学者进校开展转型发展专题讲座，学校党委会、校长办公会也多次专题研究转型工作，讨论和解决转型发展重大事项。乙学校将转型发展的学习研讨贯穿 5 年建设期始终，2015 年 4 月在校党委一届二次全体会议上提出了转型目标和发展路径，2016 年 9 月组织全校教职员工开展了转型发展大讨论活动，同年 12 月在第二届一次教代会提出转型进全国第一方阵的奋斗目标和工作任务，在 2017 年 11 月学校党委一届三次会议上将转型发展作为会议主题，提出 5 条新举措，在 2019 年 1 月学校党委一届四次全会确定的 5 件大事中 4 件直接涉及转型发展，2019 年 5 月二次党代会确立了转型工作的战略重点，2020 年 6 月学校党委二届二次全会将转型终期验收作为年内 3 项重点工作之一。

应该说，通过系列学习和宣讲，转型发展观念已经在试点学校广大师生员工心中生根发芽，统一了思想，凝聚了共识。正像《通报》指出的那样，试点学校高度重视，转型发展成为思想行动自觉。

2. 学校的人才培养质量明显提升

当前"内涵式发展"已成为我国高等教育政策的战略选择。我们认为，我国当前高校内涵式发展是高质量发展观在高校中的具体体现，是高校"培养人"这一本质属性的理性回归，是指向人、为了人、成就人的本真发展。指向人即眼中有人，为了人即为人服务，成就人即出好人才①。三所转型高校在人才培养上思路清晰，举措有力，成效显著。五年来，他们在"产教融合、校企合作"应用型人才培养模式指导下，不断创新人才培养模式，加大教学投入，积极吸纳行业企业参与

---

① 韩伏彬. 高校内涵式发展新论——兼论地方本科院校转型发展的着力点［J］. 山东高等教育，2014（10）：20-25.

人才培养方案修订，重构应用型课程体系，合作共建实验室、实习基地和专业核心课程，积极开展教学改革，学生无论在知识、能力和素质上，还是就业质量上均获得了明显提升。在甲学校的转型发展验收评估报告中，学校聘请了第三方教育咨询与评估机构开展了2018届毕业生培养质量评价，报告显示，该校毕业生的就业竞争力具有优势，薪资水平、就业现状满意度均呈上升趋势，学生岗位适应能力、起薪水平、就业稳定性较转型前有较大提高。丙学校的住宿书院育人模式，以学生发展为中心，以建设"平安 敬业 乐群 互助 共享"的师生共处、朋辈互助的文化社区为目标，形成了三全育人格局，学生的自我学习能力、创新能力，自我教育、自我管理、自我服务能力显著增强，受到省部级多位领导调研肯定，吸引多个兄弟院校前来考察学习，被多个国家级新闻媒体予以报道，《中国科学报》评价其是地方高等教育发展中的亮点。

地方本科高校转型发展是系统性、整体性、综合性的改革，是一场国家主导、地方政府主责、地方高校主体的教育质量革命。从国家层面看，转型的主要目的之一在于培养社会所需的应用型技术技能型人才，以解决我国高等教育结构性矛盾突出、同质化倾向严重、毕业生就业难和就业质量低的问题①。三所学校在人才培养上均形成了自己独特的模式，通过加强校企合作、产教融合，强化学生的应用能力，培养出了社会需要的高素质应用型人才。

3. 学校的社会服务成效显著

大学社会服务职能源自20世纪初的美国威斯康星大学理念，其开了大学直接服务社会的先河。提升学校的社会服务能力是转型发展的最主要目的之一，因为大学除了通过培养专门人才间接服务社会外，其拥

---

① 教育部 国家发展改革委 财政部. 关于引导部分地方普通本科高校向应用型转变的指导意见［EB/OL］. 中华人民共和国教育部. 2015-10-23.

有的优质学科资源和人才优势都可以直接为经济社会发展提供服务和智力支撑。三所试点高校紧紧围绕国家和地方发展需求，通过产学研合作和创新创业教育，开展了卓有成效的社会服务。甲学校制定了"服务百家企业、产出千项成果"的社会服务目标。五年来，该校科研人员深入300家企业了解技术需求，与60余家企业签订了战略合作协议，承接横向科研课题546项，合计到位经费8000余万元，取得国家发明和实用新型专利39项，软件著作权40余项，开发出近20项遥感专题产品，间接经济效益超过2亿元，有力地提升了学校的科研创新和社会服务能力。乙学校依托学校资源，开展了小学"结对帮扶"活动、市消防志愿服务活动、"走进大山，关爱儿童"活动、助力精准脱贫工作以及为企事业单位提供人力资源升级培训等，取得了良好社会效果，形成了品牌效应。丙学校通过构建"全链条"创新创业教育生态系统，开设了国际物流、全媒体应用等多个创新实验班，搭建综合孵化平台，累计孵化创业项目88个，注册企业22家，4家企业共计实现社会风险与融资925万元。培育的项目中有两项在2015年首届中国"互联网+"大学生创新创业大赛中获国家三等奖，有两项在2018年"创青春"全国大学生创业大赛中荣获国家三等奖。2016年、2017年、2018年学校分别被评为"河北省大学生创业孵化示范园""全国深化创新创业教育改革特色典型经验高校""市级众创空间"荣誉称号，得到了政府、用人单位、专家学者和社会各界的一致好评。

社会服务是现代大学从社会边缘走向社会中心的标志，如果说"双一流"高校主要通过"科教融合"来服务社会的话，那么应用型高校则主要应该通过"产学研合作"的方式来更好地发挥服务经济社会发展的功能。三所试点高校紧紧抓住了这种发展趋势和转型契机，通过科技创新服务社会、志愿活动服务社会、创新创业融入社会等形式，将社会服务这一大学基本职能发挥得淋漓尽致，从而达成了社会服务能力显著提高的转型目的。

此外，三所转型试点高校在学校管理制度建设、质量保障机制建设以及对外合作与交流等工作中都取得了一定的成效，此处不再赘述。

五、结论与讨论

（一）结论

根据评价方法，经过统计，三所试点高校通过五年的转型发展，均取得了不同程度的转型成效（表11-6）。

表11-6　三所试点高校转型成效评价结果统计

学校名称	评价得分	总分	百分比	评价结论
甲校	276	280	98.57%	成效显著
乙校	218	280	77.86%	有成效
丙校	250	280	89.29%	成效明显

（二）讨论

1. 在本研究中发现，行业性较强的甲校转型成效显著，较其他两所高校在各方面发展更具有优势。

2. 三所试点转型发展高校在教材建设，尤其是自编应用型教材上比较薄弱，应引起高度重视。

3. 三所试点高校在创新创业教育上均高度重视，加大了投入力度，但创新创业教育结果出现了明显的差距，说明与学校的性质所表现的学科专业、师资力量、生源素质等因素不无关系。

4. 在校企合作、产教融合方面，师专升本院校因专业结构相对单一，明显处于劣势。

5. 在科研平台、研究成果应用方面，师专升本的新建本科院校和独立学院相对较弱，具有天然劣势。

六、几点建议

1. 着力优化学科专业结构

转型试点高校大多是 2000 年以来的新建本科院校、独立学院和民办高校，这些院校也是高校扩招政策的主力军，为了扩大招生规模，急速增设了许多学科专业，很多专业缺乏充分的论证，导致毕业生结构性失业。因此，此类转型试点高校在学科专业结构调整与布局上，应紧紧围绕学校服务面向定位，瞄准国家发展战略动向、地方产业结构和经济社会发展需求，科学谋划学校的学科专业建设与发展规划，优化学科专业结构，做好学科专业整合，组建专业集群（链），发挥学科专业的整体效应。

2. 着力实质性开展产教融合

转型试点高校的人才培养定位是应用型人才，应用型人才最通俗的理解，就是能运用所学专业理论知识、技能分析和解决实际问题。这就需要让师生走进生产、管理和服务一线，在真实环境真学真做掌握真本领①。校企合作、产教融合是转型发展的核心要义，转型发展试点高校应正确认识，真心实意地推动此项工作，通过实质性开展产教融合，推动应用型课程、教材建设和"双师双能型"教师队伍建设，提升教师的应用研究能力，提升学生的创新创业能力。避免产教融合、校企合作中存在的重签署合作协议、轻实质性合作，重高端项目、轻小而实项

---

① 教育部等六部门. 关于印发《现代职业教育体系建设规划（2014—2020 年）》的通知［EB/OL］. 中华人民共和国教育部. 2014-06-23.

目，重理论研究、轻成果转化等现象，避免走形式、走过场，让校企合作、产教融合真正"实"起来。

3. 着力立德树人的工作成效

转型发展的最终落脚点在于提高人才培养质量，而不是迎合政策需要，走过场、做表面文章。正如教育部发展规划司负责人所说，本科高校转型发展要从各地各校实际出发，积极稳妥推进转型发展改革，不搞一阵风，不搞一刀切①。因此，转型试点高校要克服转型中的功利思想，真正将转型的落脚点放在人才培养质量的全面提升上，要把立德树人的成效作为检验学校一切工作的根本标准②。如此，地方本科高校的转型发展才能够走得更稳健、行得更久远。

当前，河北省在2020年底已经立项并开展了第二轮本科高校转型发展试点工作，相信这一批试点高校一定会与全国各省市兄弟院校携手并进，积极吸收首轮试点高校转型发展的经验，进一步开阔转型发展思路，迈出更具创新性的坚定步伐，在新时代高等教育高质量发展主题下，深入贯彻落实"校企合作、产教融合"转型发展理念，不断探索现代产业学院、对外合作办学等新的转型发展模式，做出更加优异的成绩，培养出大批高素质的应用型技术技能型人才，为世界应用型高校发展贡献中国智慧和中国方案。

---

① 贺迎春. 教育部：本科高校转型发展不搞一阵风一刀切［EB/OL］. 人民网. 2015-11-16.

② 习近平. 在北京大学师生座谈会上的讲话［N］. 人民日报，2018-05-03（02）.

第二节　转型治理新模式

自从 2015 年国家出台地方普通本科高校向应用型转变的指导意见以来，广大地方本科高校对转型发展模式进行了坚持不懈地探索，其核心在于通过最合适、最有效的方式，培养出社会各行各业真正需要的应用型高素质技能技术人才。很显然开展校企合作、产教融合是最基本的路径，但是校企合作长期以来停留在双方积极性不高，甚至流于形式的状态，产教融合更是难以深入开展，为了打破校热企冷、校企双方人才互通壁垒，真正让高校培养的人才不仅适应企业需要而且能让企业真正留住培养的人才，在总结和借鉴长期以来高职院校举办产业学院经验基础上，2020 年教育部办公厅、工业和信息化部办公厅联合印发了《现代产业学院建设指南（试行）》（教高厅函〔2020〕16 号）（下文简称《建设指南》），成为新时期引领和指导广大应用型高校探索转型发展，培养应用型、复合型、创新型人才的新模式。

一、产业学院的产生与政策演变

（一）产业学院的产生

关于产业学院的由来，目前学界主要有两种说法，我们把其概括为外来改造说和本土创新说。

外来改造说的意思是产业学院概念最早来自国外，引进后根据我国的实际情况进行了改造，如洪明早在 2001 年就发文认为，"产业学院"最早可追溯到英国 2000 年正式运营的产业大学，即"由公共部门和私人部门共同创造的，通过现代化的网络和通信技术，向社会提供高质量的学习产品及服务的开放式远程学习组织"①。类似于我国实施继续教育的国家开放大学。张艳芳、雷世平通过与英国产业大学的比较研究后认为，英国产业大学与我国产业学院在资本构成、教育内容等方面具有相似性，但在设立本旨及运营治理方面有所不同②。即产业学院的投资方除了政府投资外，民间资本也可以参与，具有混合所有制性质。混合所有制属于经济学范畴。2013 年《中共中央关于全面深化改革若干重大问题的决定》指出，要"积极发展混合所有制经济，国有资本、集体资本、非公有资本等交叉持股、相互融合的混合所有制经济，是基本经济制度的重要实现形式"③。两者的教育内容都是职业教育，以提升学生和公民的职业技能为主要内容。不同之处在于英国产业大学旨在发展终身教育，促进成人继续学习，提升职业技能，主要采用网络信息技术手段进行远程教育，而我国的产业学院旨在促进产教深度融合，充分调动企业参与人才培养的积极性和主动性，主要采用到行业企业一线开展现场教学的方式。两者的比较说明，我国的产业学院与英国的产业大学有一定的联系，但并不是全盘照搬，很大程度上对其教育内容、方式等进行了改造。当然，还有学者认为，产业学院并非源自英国，与英国产业大学并无联系，它可以追溯到 20 世纪 60 年代日本建立的产业大学，如 1965 年成立的京都产业大学和大阪交通大学改称的大阪产业

---

① 洪明. 英国终身学习的新变革——"产业大学"的理念与实践［J］. 比较教育研究，2001（4）：18-22.

② 张艳芳，雷世平. 英国产业大学与我国产业学院的比较及启示［J］. 职业教育研究，2020（1）：85-90.

③ 姚翔，刘亚荣. 混合所有制高等院校发展的宏观治理结构探索［J］. 中国高教研究，2016（7）：37-42.

大学①。

本土创新说的意思是产业学院是我国在职业教育实践探索中的创新产物，持此说法的学者占据多数。有专家认为，产业学院的逻辑起点最早可以追溯到古代技术教育的师徒传承②。即现代学徒制的前身。随着科学技术的迅猛发展和普及程度的提高，以往封闭式的小众教育模式已经不适应经济社会的快速发展，产业学院的探索和提出无疑是对学徒制发展的继承性创新。目前多数学者认为，产业学院是对过去甚至现在校企合作、产教融合实践不顺畅、效果不明显的改革的产物，是国人办学实践的创新，只是在标志性产业学院及其成立的时间上存有争议。如有人认为 2012 年中山职业技术学院的四个产业学院是高职领域最早的产业学院③。有人认为最早的产业学院是 2006 年浙江经济职业技术学院与浙江物产集团创建的物流产业学院和汽车后服务连锁产业学院④。还有人把产业学院的起源归结为 2003 年台湾地区成立的工业研究院产业学院⑤。总之，众说纷纭，莫衷一是。

我们认为，最早代表性的产业学院花落谁家，现在已并不是十分重要的事情，因为产业学院的类型多样，也是一个正在发展变化的新事物，很难找到一个真正的代表和源头。

---

① 周红利，吴升刚. 高职院校产业学院的演化综述［J］. 中国职业技术教育，2021（18）：65-69，74.

② 肖凤翔，李强. 职业教育的历史起点与逻辑起点探析［J］. 天津师范大学学报（社会科学版），2014（3）：60-64.

③ 朱跃东. 高职混合所有制二级产业学院建设的实践之惑与应对之策［J］. 中国职业技术教育，2019（1）：61-67.

④ 陈樱之，谢兆黎. 构建校企合作伙伴关系 探索中国高职教育新模式——浙江经济职业技术学院打造产业学院功能纪实［N］. 浙江日报，2007-06-13（16）.

⑤ 李艳，王继水. 我国产业学院研究：进程与趋势——基于 CNKI 近 10 年核心期刊的文献研究［J］. 中国职业技术教育，2020（3）：22-27.

（二）产业学院政策演变

人才培养、科学研究、社会服务、文化传承与创新、合作与交流是现代大学的基本职能，也是高等教育与社会发展相互作用的内在规律的体现。产业学院体现的是政、校、企等多方参与、协同育人的新型办学模式，其发展离不开大的政策背景支持。本部分我们从改革开放以来历次教育大会发布的文件和相关职业教育政策两个角度，即宏观和中观两个层面进行政策分析，从中探究产业学院产生的政策演变。

1. 改革开放以来历次教育大会政策

1985 年召开的全国教育工作会议是改革开放以来召开的第一次全国教育大会，中共中央、国务院出台了《中共中央关于教育体制改革的决定》（下称《决定》）这一重要文件。《决定》指出，在国家统一的教育方针和计划的指导下，扩大高等学校的办学自主权，加强高等学校同生产、科研和社会其他各方面的联系，使高等学校具有主动适应经济和社会发展需要的积极性和能力①。尽管《决定》的主旨思想是改革教育体制，扩大高校办学自主权，但是其主要目的是通过改革体制达到适应社会主义现代化建设的需要。《决定》初步提出了高校要开门办学，加强与生产、科研和社会的联系，这为校企合作及后来的产业学院的产生奠定了政策基础。

第二次全国教育工作会议于 1994 年召开，中共中央、国务院出台了《中国教育改革和发展纲要》，文件指出，各级政府要高度重视，统筹规划，积极贯彻发展的方针，充分调动各部门、企事业单位和社会各

---

① 中共中央关于教育体制改革的决定 ［EB/OL］. 中华人民共和国教育部. 1985-05-27.

界的积极性，形成全社会兴办多形式、多层次职业技术教育的局面①。应该说，这个时期我国的市场经济发展已初见端倪，经济社会发展对职业技术人才的需求日益增长，文件虽然是提倡社会力量兴办职业技术教育，但是与第一次全教会发布的文件精神是一致的，更加明确了社会各界可以以兴办职业教育的形式加强校企合作，这同样为产业学院的产生奠定了更加明确的基础。

第三次全国教育工作会议于 1999 年召开。为改变教育与经济、科技相脱节的状况，促进教育和经济、科技的密切结合，中共中央、国务院出台了《关于深化教育改革全面推进素质教育的决定》，强调了教育与生产劳动相结合是培养全面发展人才的重要途径。高校除了开展校企合作、成果转化外，还要加强社会实践工作，职业学校要实行产教结合，鼓励学生在实践中掌握职业技能；支持本科高等学校举办或与企业合作举办职业技术学院（或职业学院)②。该文件首次提出了校企合办职技学院，进一步提升了校企合作的力度，为建设产业学院奠定了方向性基础。

第四次全国教育工作会议于 2010 年召开，中共中央、国务院出台了《国家中长期教育改革与发展规划纲要（2010—2020 年）》，文件指出，建立健全政府主导、行业指导、企业参与的办学机制，制定促进校企合作办学法规，推进校企合作制度化。鼓励行业组织、企业举办职业学校，鼓励委托职业学校进行职工培训。制定优惠政策，鼓励企业接收

---

① 国务院. 关于《中国教育改革和发展纲要》的实施意见 [EB/OL]. 湖南省教育厅. 2008-8-29.

② 中共中央国务院. 关于深化教育改革，全面推进素质教育的决定 [EB/OL]. 光明网. 1999-6-17.

学生实习实训和教师实践，鼓励企业加大对职业教育的投入①。这段表述，进一步明确了校企合作的办学机制，并将校企合作作为制度规定下来，2018 年 2 月 5 日，教育部、国家发展改革委、工业和信息化部、财政部、人力资源社会保障部和国家税务总局联合制定并发布《职业学校校企合作促进办法》，在校企合作的宗旨、形式、措施以及合作的监督检查等方面给予了较为明确的规定。可以说，这次会议的召开以及这个文件的发布为后续产业学院的运行奠定了重要的政策遵循依据。

第五次全国教育工作会议于 2018 年召开，次年党中央国务院印发了《中国教育现代化 2035》，中共中央办公厅、国务院办公厅印发了《加快推进教育现代化实施方案（2018-2022 年）》，第一个文件提出，推动职业教育与产业发展有机衔接、深度融合，集中力量建成一批中国特色高水平职业院校和专业。② 第二个文件在提出，健全产教融合的办学体制机制，坚持面向市场、服务发展、促进就业的办学方向，优化专业结构设置，大力推进产教融合、校企合作，开展国家产教融合建设试点③。两个文件一脉相承，前者虽然坚持第三次全教会文件的提法，建成一批中国特色高水平职业院校，但是在实施文件中却提到了产教融合建设试点，表明政策上有了弹性，即试点既可以是职业院校，也可以是别的形式，如产业学院等。

上述几次会议的召开及出台的高规格、高层次的文件，是我国高等职业教育改革与发展的里程碑和风向标，对我国高等职业教育的性质、

---

① 国家中长期教育改革和发展规划纲要工作小组办公室. 国家中长期教育改革和发展规划纲要（2010—2020 年）［EB/OL］. 中华人民共和国教育部. 2010-7-29.

② 中国教育现代化 2035［EB/OL］. 中国教育新闻网. 2019-04-01.

③ 中共中央国务院. 加快推进教育现代化实施方案（2018-2022 年）［EB/OL］. 中华人民共和国教育部. 2019-2-23.

发展走向具有重要的指导作用。虽然文件中没有提到产业学院这一概念，但在方向上为产业学院的产生奠定了坚实基础。

2. 产业学院政策分析

产业学院的产生与发展离不开强有力的法规政策的支持和引导，当一种事物还处于探索阶段时，政策主要发挥引导作用，而当一种事物发展相对成熟时，政策发挥的更多的则是规范作用。有专家根据各地产业学院的建设与发展实际，将我国产业学院的发展划分为萌芽阶段（2003—2013 年）、成长阶段（2014—2017 年）和繁衍阶段（2018 年至今）三个阶段①。我们认为，从 21 世纪以来的政策的梳理中可以看出，以 2017 年为分水岭，之前可以称作政策的引导阶段，之后可以称作政策的规范阶段。

（1）政策的引导阶段。产业学院发端于职业教育领域是确定无疑的事情，而产业学院的产生与校企合作、产教融合有着直接的联系，或者说产业学院是校企合作、产教融合的高级发展阶段。21 世纪以来，国家发布了非常多的文件政策，引导并大力提倡职业教育开展校企合作、产教融合。2005 年《国务院关于大力发展职业教育的决定》中首次提出"大力推行工学结合、校企合作的培养模式"。到 2010 年以后，职业教育政策进入了发布密集区，教育部等九部委 2011 年联合发布《关于加快发展面向农村的职业教育的意见》，在校企合作基础上，最早提出了"促进产教深度合作"；2013 年《教育部关于深化教育领域综合改革的意见》中提出完善职业教育产教融合制度；2014 年国务院印发《关于加快发展现代职业教育的决定》，肯定了企业是职业教育重要的办学主体，鼓励行业和企业举办或参与举办职业院校，积极推进多元

---

① 范琳，邓忠波. 新时代高职产业学院建设模式实践探索［J］. 职教论坛，2021（9）：38-43.

投资主体共建职业教育集团的改革试点，发挥职业教育集团在促进教育链和产业链有机融合的重要作用。同年，教育部等六部门印发的《现代职业教育体系建设规划（2014—2020 年）》，明确创新民办职业教育办学模式。在坚持行业和企业举办或参与举办职业院校基础上，既允许社会力量通过购买、承租、委托管理等方式改造办学活力不足的公办职业院校，也鼓励企业和公办职业院校合作举办混合所有制性质的二级学院。2015 年 10 月，教育部、国家发展改革委和财政部联合印发了《关于引导部分地方普通本科高校向应用型转变的指导意见》，明确指出"转型高校可以与行业、企业实行共同组建教育集团，也可以与行业企业、产业集聚区共建共管二级学院。2015 年教育部印发的《关于深化职业教育教学改革 全面提高人才培养质量的若干意见》，在产教融合基础上，提出了协同育人总要求。2017 年 6 月 9 日，教育部在北京召开新工科研究与实践专家组成立暨第一次工作会议，全面启动、系统部署新工科建设。审议通过《新工科研究与实践项目指南》（也称《北京指南》），提出新工科建设指导意见。提出了各高校要"推动大学组织创新，探索建设一批与行业企业等共建共管的产业化学院"。至此，国家政策从刚开始提出校企合作，再到产教融合、协同育人，最后到产业学院呼之欲出，完成了政策引导性的演变。

（2）政策的规范阶段。混合所有制产业学院在我国最早正式提出是在 2017 年国务院印发的《关于深化产教融合的若干意见》中，文件对深化产教融合做出了具体部署，并提出"鼓励企业依托或联合职业学校、高等学校设立产业学院"，还鼓励区域、行业骨干企业联合职业学校、高等学校共同组建产教融合集团（联盟），并明确提出培育工匠精神、协同育人、师资队伍建设、治理结构改革、招生等人才培养改革要求。2018 年，为落实产教融合若干意见，教育部印发《职业学校校企合作促进办法》，进一步明确校企合作的内容、方式、措施等。2019
年《教育部办公厅等七部门关于教育支持社会服务产业发展 提高紧缺
人才培养培训质量的意见》中多次提到建设产业学院，全面激发和释
放了高职院校产业学院的办学体制机制改革的制度活力和政策红利。
2020 年 8 月，教育部办公厅、工业和信息化部办公厅印发《现代产业
学院建设指南（试行）》的通知，对现代产业学院建设的指导思想、
目标、原则、任务、立项等提出了建设性指导意见。值得注意的是，本
指南将现代产业学院的建设重点放在了应用型高校。至此，产业学院建
设政策进入了规范与发展时期。

二、产业学院概念与理论基础

（一）产业学院概念界定

综观现有文献对产业学院概念的解释，有专家以概念的落脚点为划
分依据，将产业学院划分为基地说、学院说、实体说、模式说、机构
说、平台说、组织说等 8 种①。在此基础上，我们从现有文献中选取了
32 个概念界定，对上述分类从时间、目的、对象、方式等角度分别进
行了统计，从数量化角度分析产业学院的概念。（表 11-7）。

表 11-7　产业学院概念界定的年份

年份	2007	2009	2015	2016	2017	2018	2019	2020	2021
个数	1	1	1	1	2	6	7	4	9
百分比	3.13%	3.13%	3.13%	3.13%	6.25%	18.75%	21.88%	12.5%	28.13%

---

① 邓泽民，李欣. 职业教育产业学院基本内涵及界定要求探究 [J]. 职教论坛，2021
（4）：44-50.

表 11-7 统计显示，学者们对产业学院概念的界定以 2018 年为分水岭，前后出现了明显的变化，尤其是《建设指南》发布后的 2021 年达到了历史新高，说明产业学院的研究进入了热点期。

表 11-8　产业学院落脚点分类

概念	基地说	学院说	实体说	模式说	机构说	平台说	组织说	联合体说
个数	2	4	1	3	7	4	2	7
百分比	6.67%	13.33%	3.33%	10.00%	23.33%	13.33%	6.67%	23.33%

表 11-8 统计显示，在现有概念中除有两个概念并没有给出具体明确的落脚点外。在有效统计的 30 个概念中，机构说和联合体说被人们高度认同。

表 11-9　产业学院的合作主体

主体	政府、行业、企业	政府、企业	行业企业	企业	其他
个数	8	4	5	11	4
百分比	25.00%	12.50%	15.63%	34.38%	12.50%

表 11-9 统计显示，学者认为产业学院合作主体最多的是企业，尤其是行业中的龙头企业、骨干企业和规模以上企业，其次是政府、行业和企业，有一个认为还应包括事业单位，其他选项没有直接明确合作主体，主要是从合作资本性质方面进行阐述。

表 11-10　产业学院建设目的

目的	培养应用型人才	服务产业	服务产业，培养人才	综合目的
个数	7	3	5	7
百分比	31.81%	13.64%	22.73%	31.81%

注：有 10 个概念没有涉及目的

表11-10统计显示，建设产业学院的目的主要是培养应用型、复合型、创新型人才，以及开展科技研发、员工培训、文化传承与创新等综合性目的。

2020年《建设指南》提出了产业学院建设的任务，要在四年左右时间里，以区域产业发展急需为牵引，面向行业特色鲜明、与产业联系紧密的高校，重点是应用型高校，建设一批现代产业学院。在此基础上，引导高校瞄准与地方经济社会发展的结合点，不断优化专业结构、增强办学活力，探索产业链、创新链、教育链有效衔接机制，建立新型信息、人才、技术与物质资源共享机制，完善产教融合协同育人机制，创新企业兼职教师评聘机制，构建高等教育与产业集群联动发展机制，打造一批融人才培养、科学研究、技术创新、企业服务、学生创业等功能于一体的示范性人才培养实体，为应用型高校建设提供可复制、可推广的新模式。

根据《建设指南》对产业学院的建设要求，我们认为，产业学院是为了培养社会需求的应用型、复合型、创新型人才，以高校与企业为主体共同组成的资本共投、合作共建、资源共享、利益共赢和风险共担的校企联合体，共同承担人才培养、科学研究、技术创新、企业服务、学生创业等任务。

（二）理论基础

实践、认识、再实践、再认识是辩证唯物主义认识过程，产业学院在发展过程中，也有许多人在不断探索支撑其不断发展的理论基础。综合现有文献，我们认为，主要有以下三种主流理论。

1. "人才盗猎" 理论

"人才盗猎"这一现象是当今企业发展的难题，是产业学院产生的重要原因之一。人才盗猎难题涉及"外部效应"和市场失灵理论，前者是一个经济主体的活动对其他经济体产生的正面或负面的影响，尤其是资本和人才方面。如一个企业重金招聘技术人员，可能会对其他拥有相关技术人员的企业带来负面影响，这就是负外部效应；相反一个企业缺乏资金，产能下降，对类似企业会产生积极的影响，这就是正外部效应。市场失灵理论通俗地说就是市场机制不能充分地发挥作用而导致的资源配置缺乏效率或资源配置失当的情况。该理论认为，完全竞争的市场结构是资源配置的最佳方式，但在现实经济中，这只是一种完美的假设，由于垄断、外部性、信息不完全等因素影响，很难达到资源配置的理想状态。这一理论对现代产业学院的产生具有较强的理论解释作用。现实中，由于企业本身的规模、实力、工作环境、待遇以及所处地理位置等因素，造成人才虹吸效应普遍存在，即便付出巨大成本培养成熟了一个技术骨干，但由于外部效应和市场失灵作用的存在，很难不被别的企业所"盗猎"，因此，通过校企合作成立产业学院，学生、校方、企业签订三方协议，让学生真正了解、认识和实际体验到企业文化，培养对企业的价值认同感和归属感，最终培养出能为企业长期效力的忠诚人才，保持企业拥有稳定的人力资源。当然，也有人用"供应链"理论进行了解释①，其实两者是内在一致的，都是为了解决资源不平衡问题。

2. "利益相关者"理论

"利益相关者"理论也是一种经济学理论，是美国经济学家弗里曼在 20 世纪 80 年代提出的一个概念，彻底打破了传统意义上围绕企业股东的利益至上的观念。他认为，凡是能影响企业或受到企业影响的所有

---

① 周红利，陈华政. 供应链理论视角下的产业学院研究 [J]. 职教论坛，2020 (6)：20-24.

人和团体都是企业的利益相关者①。在信息发展日新月异的今天，没有任何一个组织不受其影响，信息已经将政府、行业企业、高校、用户等密切联系起来，形成了一张无所不联的网络，任何一个利益端出现问题，都将牵一发而动全身。现代产业学院的建设与发展可以实现多方共赢。企业是人才的需求侧，卓越的人才能为行业企业带来丰厚利润。高校是人才的供给侧，与行业企业联合，培养出的人，才更受社会欢迎。政府是政策的制定者和供需平衡的维护者，学生也是自我价值实现的受益者，可以充分利用校企政合作平台，在一线实践中更好地掌握理论知识和技能，获得更多更好的就业机会。产业学院不同于以往比较松散的校企合作，它将各方面的投入、收益等紧紧地捆绑在一起，形成了一个一荣俱荣、一损俱损的利益共同体，从而真正实现了产教深度融合。此外，还有学者提出了共生理论，其与利益相关者理论是内在一致的，即利益相关者在各生态位发挥各自职能并进行物质、能量和信息交换，进而产生依存、作用与适应的相互关系，共同构成共生单元②。

3. 三螺旋理论

创新驱动是当前的国家战略，尤其是协同创新，成为当今科技创新的新范式。"协同创新"就是要打破主体之间各自为政的局面，释放要素资源的活力且主体之间深度合作，对创新资源进行重新组合优化，实现资源最有效配置③。1995 年美国莱兹多教授提出的三螺旋理论，旨在促进大学、企业、政府通过多维度合作，促进创新资源不断整合，实现

---

① 刘香萍，徐伟. 基于利益相关者理论的应用型高校产业学院的发展机遇和挑战［J］景德镇学院学报，2020（4）：17-21.

② 张兵，邹一琴，蒋惠凤. 共生视角下的地方本科院校产业学院建设［J］. 高等工程教育研究，2021（4）：125-132.

③ 钟德仁，张晓秀，高芳凝，等. 产业学院协同创新三螺旋理论分析［J］. 洛阳师范学院学报，2020（10）：51-55.

螺旋式上升①。《现代产业学院建设指南》指出，探索产业链、创新链、教育链有效衔接机制，建立新型信息、人才、技术与物质资源共享机制。企业作为产业链中的一个单元，是科技创新的主体，高校作为教育链中高端层，是知识创新的主体，政府则是政策创新的主体，三个主体之间，是相互联系、密不可分的一个整体。只有相互找到合作的最大公约数和载体，构建好萨巴托提出的三角模型关系，形成以政府为主导、校企为主体的协同创新模式，才能真正带动地方区域经济和产业经济的发展②。产业学院无疑是最好的选择，政府搭台，制定规则，主导校企双方各取所需，实现人才培养、人才共用、科技研发、社会服务等多方面共建共管共享，既解决了学校人才培养出口的难题，也解决了企业人才需求的难题，从而实现了政府主导下校企多元共治的良好局面。

三、现代产业学院存在的问题与对策

作为一个新生事物，现代产业学院是具有中国特色的组织创新，其在建设与发展中也面临着法律层面、治理层面、运行层面等方面的多种问题。

（一）产业学院存在的主要问题

1. 法律层面问题

从国家层面看，尽管已经出台了很多相关政策，但是在关键的教育法、高等教育法、职业教育法等法律条文中并没有关于产业学院的规定，产业学院在运行中一旦出现矛盾诉诸法律，现有政策就缺乏法律效

---

① 庄涛，吴洪. 基于互信息的官产学研三螺旋国际合作测度研究 [J]. 情报杂志，2013（12）：145-150，174.

② 庄涛，吴洪. 基于互信息的官产学研三螺旋国际合作测度研究 [J]. 情报杂志，2013（12）：145-150，174.

力；从产业学院层面，目前的产业学院并没有取得独立的法人资格，相当多的产业学院被视为学校的二级学院，缺乏自主权和创新的活力，再加上产权界定不清，退出机制及资产分配等问题还没有厘清。这些问题不从根本上解决，将严重制约着合作方深度参与的积极性，给产业学院的办学发展带来巨大的不确定性，甚至使产业学院运行面临法律风险①。

2. 治理层面问题

在治理结构上，一方面来自政府的行政干预过多，如招生、财务、师资等。另一方面学校在治理结构中占据了绝对优势，势必影响行业企业等参与方的管理积极性。在治理能力上，很多产业学院的合作方还没有真正树立多元协同治理的现代治理理念，产业学院由于是多方参与，必然会因为交易成本的过高而造成制度摩擦和资源管理低效。在治理模式上，无论是企业主导、还是学校主导，还是校企共同主导，合作方由于追求的价值利益不同，必然导致学校教育公益性与企业生产逐利性之间的冲突。

3. 运行层面的问题

产业学院原本是想解决过去校企合作貌合神离、一厢情愿的问题，通过协议合作的方式，以共同投入，共建共管共享为原则，获得人才培养和企业用人的需求。再加上国家的政策制定者也对此种做法进行了积极倡导和鼓励，很多高校和企业便头脑发热，不顾自身的实际情况，纷纷投入，成立产业学院，这就为日后的运行埋下隐患，如通过合作发现，学校的师资和科研能力、产品研发能力弱，适应不了企业的需求，企业原本以为能通过投入带来丰厚的利润，但往往事与愿违，不仅得不

---

① 张艳芳. 混合所有制产业学院的历史缘起、现实困境与未来展望 [J]. 职业技术教育，2019（13）：40-44.

到利益，连期望的人才也往往难以留住。此外，产业学院合作方在沟通上缺乏机制，合作的人员不在同一个沟通维度或层面，各自的关注或要求不能形成共识，导致合作难以深入开展。

（二）破解问题的对策

1. 国家层面出台法律，规范产业学院设立与运行中的各种问题

借鉴德国双元制教育和日本官产学研的做法，国家层面应修订职业教育法或单独制定相关法律法规，明确现代产业学院的设置条件、法人地位，合作内容，产权归属、资产分配等一系列问题，尤其是应当从制度层面赋予其独立的法人资格，允许其以自己的名义注册为独立的法人实体，保证其办学的自主性与管理的灵活性①。这是决定现代产业学院能否长久发展的根本前提。

2. 政府层面，应牵头制定规则，构建科学有效的治理体系

高校与企业是现代产业学院合作的主体，各自分属不同的领域，性质、任务、追求不同，必须寻求合作双方的最大公约数，现代大学制度和现代企业制度两者既有区别也有联系，建设现代产业学院必须要形成共识，政府需要在顶层设计、制度框架、运行机制、资源投入与分配等方面出台指导性意见和相关政策，促使产业学院形成开放、民主、高效、节约、共赢的治理模式，为现代创业学院的健康发展奠定基础。

3. 校企层面，应充分调研，冷静思考，制定切实可行的合作方案

合作双方一定要考虑清楚下列问题：产业学院的目的和功能定位、双方的优劣势以及合作的内容和路径等。合作双方要建立定期沟通会晤机制，及时交换意见，解决问题，尽量避免"上热下冷"现象，即院校领导层和企业管理层互动频繁，合作愿望迫切，合作主动性强，而具

---

① 李潭. 产业学院：校企合作新型路径［J］. 教育评论，2017（11）：27-30.

体院校专业层面和企业业务层面却存在不愿合作和无力合作①。

产业学院虽然在我国的探索与发展已经有 20 年左右的时间，但它是从下到上的一个探索过程，而且因其具有合作主体多元性、合作模式多样性、合作资本混合性等特点，是一个非常复杂的联合体，需要在实践中不断探索、总结、反思，最终形成若干成熟、典型的治理模式，在全国进行推广，为世界提供中国智慧和中国方案。

---

① 张艳芳. 关于高职混合所有制产业学院的思考［J］. 职业教育研究，2017（10）：15-19.

主要参考文献

一、著作

1. 潘懋元. 新编高等教育学 [M]. 北京：北京师范大学出版社，1996.

2. 柴永柏. 建国 60 年中国大学发展研究 [M]. 成都：四川大学出版社，2009.

3. 邓泽民，董慧超. 德国应用科学大学研究 [M]. 北京：科学出版社，2017.

4. 范文曜，马陆亭. 国际视角下的高等教育质量评估与财政拨款 [M]. 北京：教育科学出版社，2004.

5. 中国社会科学院语言研究所词典编辑室. 现代汉语词典（第 5 版）[M]. 北京：商务印书馆，2005.

6. 杨光斌. 政治学原理 [M]. 北京：中国人民大学出版社，1998.

7. 梅友松，黄红英. 地方高校转型发展研究 [M]. 光明日报出版社，2015.

8. 王玉丰. 中国新建本科院校转型发展研究——基于自组织理论的分析范式 [M]. 北京：教育科学出版社，2011.

9. 关培兰. 组织行为学 [M]. 北京：中国人民大学出版社，2003.

10. 张德. 组织行为学（第2版）[M]. 北京：高等教育出版社，2004.

11. 达夫特. 组织理论与设计精要 [M]. 李维安，译，北京：机械工业出版社，1999.

12. RHR 公司. 心理学家谈管理——管理的挑战 [M]. 张东辉，译，重庆：重庆出版社，1985.

13. 周三多，邹统钎. 战略管理思想史 [M]. 上海：复旦大学出版社，2002.

14. 邓小平. 邓小平文选（第三卷）[M]. 北京：人民出版社，1993.

15. 刘汉成. 地方本科院校转型发展的实践探索 [M]. 北京：中国经济出版社，2015.

16. 《习近平总书记教育重要论述讲义》编写组. 习近平总书记教育重要论述讲义 [M]. 北京：高等教育出版社，2020：48.

17. 孔繁敏. 建设应用型大学之路 [M]. 北京：北京大学出版社，2006.

18. 杨晓舟. 公司治理、内部控制与企业风险管理 [M]. 北京：中国财政经济出版社，2006.

19. 吴敬琏. 现代公司与企业改革 [M]. 天津：天津人民出版社，1994.

20. 李福华. 大学治理与大学管理 [M]. 北京：人民出版社，2012.

21. 《工作过程导向的高职课程开发探索与实践》编写组. 工作过程导向的高职课程开发探索与实践———国家示范性高等职业院校建设课程开发案例汇编 [M]. 北京：高等教育出版社，2008.

22. 邵光华，晏成步，徐建平. 地方本科高校转型发展研究 [M]. 杭州：浙江大学出版社，2017.

二、论文

1. 别敦荣. 我国现代大学制度探析 [J]. 江苏高教, 2004 (3): 1-3.

2. 陆禄. "去行政化" 改革背景下政府-高校关系重构研究——以南方科技大学为例 [D]. 北京: 首都经济贸易大学, 2015.

3. 王长久. 50 年代院系调整的得与失 [J]. 辽宁高等教育研究, 1995 (2): 22-26.

4. 周庆芯, 雷德俊. 职业大学培养应用型人才的有效途径——江汉大学实行 "早期实习, 多次实习" 的体会 [J]. 江汉大学学报 (社会科学版), 1986 (4): 25-28.

5. 陈凯. 培养专科层次的应用型人才是时代的需要——发达国家的经验及其启示 [J]. 教育与现代化, 1991 (19): 76-78.

6. 王珂珍. "产学结合" 是培养高级应用型人才的新途径 [J]. 辽宁高等教育研究, 1991 (S2): 21-24.

7. 冯健璋, 李才, 李程斯. "三循环教学模式" 与应用型人才培养 [J]. 高等工程教育研究, 1994 (1): 67-70.

8. 潘懋元. 论新建本科院校的定位问题 [J]. 上海电机学院学报, 2006 (1): 1-5.

9. 陈新民. 中国新建本科院校的理论研究现状与展望——基于 CSSCI 来源期刊论文 (2000—2012 年) 的计量与分析 [J]. 中国高教研究, 2013 (10): 76-81.

10. 顾永安. 新建本科院校转型发展的核心要义、目标趋向与根本指向 [J]. 河北民族师范学院学报, 2014 (4): 1-5.

11. 孟庆国, 曹晔. 地方高校转型发展: 路径选择与内涵建设 [J]

职业技术教育，2013（8）：68-71.

12. 岳修峰.高校转型发展态势问题及应对——以河南省高校为例[J].人民论坛，2016（23）：42-43.

13. 陈锋.关于部分普通本科高校转型发展的若干问题思考[J].中国高等教育，2014（12）：16-20.

14. 钟秉林，王新凤.我国地方普通本科院校转型发展实践路径探析[J].高等教育研究，2016（10）：19-24.

15. 邵建东.我国应用技术大学建设：挑战与推进策略[J].教育研究，2018（2）：75-79，94.

16. 李柱朋.地方本科高校向应用技术型高校转型政策的研究——基于政策文本的分析[D].烟台：鲁东大学，2017.

17. 胡岸.地方本科院校应用型转型的政策支撑体系建设[J].安徽文学（下半月），2017（4）：149-151.

18. 刘峥，朱丽.产教融合背景下地方本科高校转型发展研究[J].淮海工学院学报（人文社会科学版），2018（7）：122-126.

19. 张大良.把握"学校主体、地方主责"工作定位 积极引导部分地方本科高校转型发展[J].中国高等教育，2015（10）：23-29.

20. 庞海燕.从主责角度谈引导地方本科院校转型发展[J].金陵科技学院学报（社会科学版），2017（1）：74-78.

21. 张应强.从政府与大学的关系看地方本科高校转型发展[J].江苏高教，2014（6）：6-10.

22. 张兄武，许庆豫.关于地方本科院校转型发展的思考[J].中国高教研究，2014（10）：93-97.

23. 胡程.地方本科高校转型发展的内在逻辑与价值诉求[J].池州学院学报，2015（2）：139-141，144.

24. 王者鹤. 新建地方本科院校转型发展的困境与对策研究——基于高等教育治理现代化的视角 [J]. 中国高教研究, 2015 (4): 53-59.

25. 袁潇. 地方高校向应用技术型高校转型中的治理结构 [J]. 现代教育管理, 2015 (6): 12-15.

26. 于舒. 论转型高校内部治理结构的创新 [J]. 高教学刊, 2017 (12): 122-123, 125.

27. 张彦群. 新建本科院校的转型发展与内部治理结构改革 [J]. 天中学刊, 2017 (6): 138-142.

28. 刘颂. 中国民办高校治理结构的转型困境分析 [J]. 复旦教育论坛, 2008 (6): 61-65.

29. 周赣琛, 王梓林. 转型与变革: 中国高职院校治理结构研究 [J] 黄冈职业技术学院学报, 2012 (5): 24-27.

30. 钱军平, 彭寿清. 建地方本科院校转型发展与内部治理体系对接的路径设计——基于组织发展理论的视角 [J]. 现代教育管理, 2015 (6): 6-11.

31. 盛正发. 新建本科院校转型治理模式研究 [J]. 当代教育论坛, 2016 (5): 1-6.

32. 韦希. 从"管理"到"治理": 高校院系运行机制的转型与重构 [J]. 重庆高教研究, 2017 (5): 88-94.

33. 徐正林. 转型高校内部治理结构优化的路径选择——主体性视角 [J]. 成都中医药大学学报 (教育科学版), 2018 (1): 95-98.

34. 张翠琴, 周谊. 德国应用科技大学 (FH) 探析及启示 [J]. 民办高等教育研究, 2007 (4): 65-68.

35. 杨刚要. 瑞士应用科技大学办学特色及对地方本科高校转型发展的启示 [J]. 黄河科技大学学报, 2014 (5): 89-92.

36. 李文兵. 欧洲大学与政府关系的历史考察——以法国和英国为例 [J]. 煤炭高等教育, 2015 (4)：52-56.

37. 杨荣. 德国"双轨制"应用科技大学对中国高等教育的借鉴意义 [J]. 河池学院学报, 2014 (4)：75-80.

38. 20 世纪 90 年代以来英国高等教育外部保障体系 [EB/OL]. (2018-06-01) [2018-8-10].

39. 钟秉林, 王新凤. 我国地方普通本科院校转型发展若干热点问题辨析 [J]. 教育研究, 2016 (4)：4-11.

40. 张健. 地方本科院校转型发展：问题与建议 [J]. 职业技术教育, 2016 (15)：36-40.

41. 王骥. 论大学知识生产方式的演化——自组织理论的视角 [D]. 武汉：华中科技大学, 2009.

42. 徐继宁. 中世纪大学与现代大学的职能比较 [J]. 高教发展与评估, 2009 (1)：77-83, 123.

43. 石广盛. 欧洲中世纪大学研究 [D]. 上海：复旦大学, 2007.

44. 秦琳. 洪堡模式的今日与研究型大学的明天 [J]. 比较教育研究, 2011 (9)：1-6.

45. 徐辉, 李薇. 大学功能的世纪演变 [J]. 高等教育研究, 2013 (3)：5-8.

46. 何理瑞, 王建军, 桑迎平. 基于生命周期的应用型本科院校实训管理平台建设 [J]. 浙江水利水电学院学报, 2016 (5)：88-90.

47. 宣勇, 张鹏. 组织生命周期视野中的大学学科组织发展 [J]. 科学学研究, 2006 (S2)：43-47.

48. 智学, 田宝军, 徐爱新. 高等教育从社会边缘向社会中心转移——论"高等教育走向社会中心"的内涵与特征 [J]. 河北学刊,

2008（05）：189-192.

49. 张利军，刘林艳. 组织生命周期理论在高职院校后勤管理中的应用［J］. 现代商业，2010（3）：173-175.

50. 丁么明. 关于新建本科院校向成熟本科院校转型的若干思考［J］. 教育研究，2011（4）：70-71.

51. 马永斌，王孙禺. 大学、政府和企业三重螺旋模型探析［J］. 高等工程教育研究，2008（5）：29-34.

52. 彭湃. 大学、政府与市场：高等教育三角关系模式探析——一个历史与比较的视角［J］. 高等教育研究，2006（9）：100-105.

53. 蒋平. 地方普通本科院校转型发展：三重螺旋模式下的政策指向［J］. 教育发展研究，2016（5）：1-10.

54. 雷德斯多夫，迈耶尔. 三螺旋模式和知识经济［J］. 周春彦，译. 东北大学学报（社会科学版），2010（01）：12.

55. 张衡. 政策治理：地方新建本科院校转型的结构调整［J］. 高教发展与评估，2021（2）：35-45，117.

56. 乔春华. 4%目标实现后建立教育经费稳定增长机制研究［J］. 会计之友，2014（1）：92-97.

57. 秦志飞，张雪雁. 河北省高等教育财政投入机制的构建与完善［J］. 石家庄铁道大学学报（社会科学版），2014（2）：11-14.

58. 张应强. 地方本科高校转型发展：可能效应与主要问题［J］. 大学教育科学，2014（6）：29-34.

59. 郑国强. 创建面向21世纪的新应用型大学［J］. 高等教育研究，1999（5）：93-95.

60. 钱志刚，刘慧. 从管制走向服务：地方高校转型发展中的政府角色［J］. 教育发展研究，2015（21）：1-6.

61. 马培华. 以改革创新的精神引领推动地方本科院校转型发展 [J]. 教育与职业, 2016 (9)：5-7.

62. 张莉萍. 地方本科院校转型发展的困境及对策 [J]. 教书育人 (高教论坛), 2015 (12)：4-5.

63. 潘懋元, 董立平. 关于高等学校分类、定位、特色发展的探讨 [J]. 教育研究, 2009 (2)：33-38.

64. 王守忠. 应用技术大学：社会发展的必然选择——基于衡水学院发展的思考 [J]. 衡水学院学报, 2016 (1)：1-8.

65. 谷丽丽. 德国职教兼职教师的特点及启示 [J]. 教育与职业, 2011 (25)：100-102.

66. 徐理勤. 德国应用科学大学 (FH) 的人才培养模式及其启示 [J]. 浙江科技学院学报, 2005 (4)：309-313.

67. 邢晖, 郭静. 经济新常态背景下地方高校转型发展的调查与建议——基于全国 27 个省份 86 名地方高校校级领导的调研 [J]. 重庆高教研究, 2015 (5)：11-14.

68. 杨阳. 从教育政策变迁的角度看地方本科高校转型 [J]. 广东技术师范学院学报 (社会科学版), 2015 (10)：110-113, 131.

69. 沈小姣. 转型发展背景下的地方本科高校招生考试制度探析——基于理性选择理论的视角 [J]. 湖北招生考试, 2017 (1)：15-20, 25.

70. 宋晓欣, 闫志利, MULLER RYTLEWSKI M. 德国应用科技大学招生制度特点及启示 [J]. 中国职业技术教育, 2015 (33)：73-79.

71. 刘虹. 控制与自治：美国政府与大学关系研究 [D]. 上海：复旦大学, 2010.

72. 李文兵. 欧洲大学与政府关系的历史考察——以法国和英国为

例［J］. 煤炭高等教育，2015（4）：52-56.

73. 陈锋. 地方高校转型发展须依靠政府、学校和产业界的紧密合作［J］. 河南教育（高教），2015（1）：10.

74. 韩家清. 一份地方院校的转型发展报告——许昌学院转型发展探索写真［J］河南教育（高教），2014（10）：42-45.

75. 赵哲，董新伟，李漫红. 地方本科高校转型发展的三种倾向及其规避［J］教育发展研究，2015（7）：23-27，62.

76. 曹丹. 从"校企合作"到"产教融合"——应用型本科高校推进深度产教融合的困惑与思考［J］. 天中学刊，2015（1）：133-138.

77. 石伟平，王启龙. 促进校企规范合作 全面推进产教融合——《职业学校校企合作促进办法》解读［J］. 中国职业技术教育，2018（10）：15-18.

78. 宋毅，孙玉. 美国技术创新法及对我们的启迪［J］. 中国科技论坛，1998（2）：52-54.

79. 丁建洋. 从知识本位走向能力本位：大学本质的回归——基于政策的视角看日本大学在产学合作中的特征［J］. 中国高教研究，2011（8）：72-76.

80. 沈志清. 产学研合作：国外经验与中国实践［J］. 苏州大学学报（哲学社会科学版），2010（6）：56-58.

81. 卢全晟，龚新蜀. 发达国家产学研合作的经验及启示［J］. 经济纵横，2010（10）：89-92.

82. 谢开勇. 国外高校产学研合作模式分析［J］. 中国科技论坛，2004（1）：119-122.

83. 刘力. 政府在产学研合作中的作用透视（上）——发达国家的成功经验［J］. 教育发展研究. 2002（1）：70-73.

84. 周跃，吴瑜，张晓龙. 高校产学研合作的问题与对策 [J]. 中国高校科技与产业化，2006（8）：66.

85. 周光礼. 中国高等教育治理现代化：现状、问题与对策 [J]. 中国高教研究，2014（9）：16-25.

86. 胡仁东. 现代大学内部治理结构探析——基于影响力的视角 [J]. 现代大学教育，2005（2）：59-63.

87. 田海洋，张蕾. 新建应用型本科院校的职业化转型——基于路径依赖理论的视角 [J]. 黑龙江高教研究，2016（5）：59-61.

88. 钱露，贺国庆. 中世纪博洛尼亚大学学生自治模式探析 [J]. 河北师范大学学报（教育科学版），2013（5）：40-44.

89. 陈广山. 企业深度参与的"转型"高校内部治理结构研究 [J]. 湖北经济学院学报（人文社会科学版），2018（1）：43-45.

90. 楚旋，卢珂. 地方本科高校转型中的制度框架构建研究 [J]. 当代教育科学，2016（13）：8-11，15.

91. 贺文瑾. "双师型"职教教师的概念解读（上）[J]. 江苏技术师范学院学报（职教通讯），2008（7）：48-51.

92. 王慧. 高校教师职务聘任制改革研究 [D]. 南京：河海大学，2007.

93. 林霞. 中国特色社会主义个人收入分配制度研究 [D]. 南京：南京师范大学，2012.

94. 彭蓉. 论高职教师绩效考核制度存在的问题及新思路 [J]. 商，2014（29）：30.

95. 董炳南，耿喜华，孟照军. 高等学校既应重视总体规模效益又应重视专业规模效益 [J]. 高等建筑教育，1999（1）：31-33.

96. 罗云. 关于学科、专业与课程三大基本建设关系的思考 [J].

现代教育科学, 2004 (5): 32-34.

97. 江利, 黄莉. 应用技术大学"双师型"教师的误区与超越 [J]. 高校教育管理, 2015 (2): 43-47.

98. 董建梅. 挑战与应对: 新建本科院校师资队伍转型思考 [J]. 衡水学院学报, 2014 (6): 120-122.

99. 叶丽娟, 刘文奇, 肖圣雄, 等. 应用型本科院校"双师型"教师的培养与评定 [J]. 湘南学院学报, 2013 (2): 73-76.

100. 张铁牛, 田水泉. 新建本科院校专业建设现状调查 [J]. 理工高教研究, 2007 (3): 138-140.

101. 刘其兵. 德国应用型本科人才培养的特征和启示——以代根多夫应用技术大学为例 [J]. 滁州职业技术学院学报, 2013 (1): 19-21.

102. 张翠琴. 德国应用科技大学 (FH) 研究 [D]. 重庆: 西南大学, 2008: 20-21.

103. 姜大源. 论高职教育工作过程系统化课程开发 [J]. 徐州建筑职业技术学院学报, 2010 (1): 1-6.

104. 李政涛. 教育学的悲哀和尊严 [J]. 教师之友, 2003 (8): 65-66.

105. 陈正. 德国应用技术大学的历史变迁对我国职业教育的启示 [J]. 国家教育行政学院学报, 2014 (10): 84-88.

106. 张庆久. 德国应用科技大学与我国应用型本科的比较研究 [J]. 黑龙江高教研究, 2004 (8): 31-33.

107. 薛晓萍, 刘玉菡, 刘兴国. 德国应用科技大学发展历程及其启示 [J]. 河北科技大学学报 (社会科学版), 2015 (3): 96-100+106.

108. 李继刚, 张益刚. 德国新《大学纲要法》实施后教授升等制度改革研究 [J]. 外国教育研究, 2018 (6): 78-88.

109. 孙进. 德国应用科学大学的办学特色——类型特色与院校特色分析 [J]. 比较教育研究, 2011 (10): 66-70.

110. 卢亚莲. 德国应用科技大学 (FH) 应用型人才培养模式及其启示 [J]. 职教论坛, 2014 (13): 84-88.

111. 冯理政. 德国应用科学大学 (FH) 办学特色的分析与研究 [D]. 上海: 华东师范大学, 2010.

112. 秦琳. 以应用性人才培养促进区域经济发展和国家竞争力提升——德国应用技术大学的经验 [J]. 大学 (学术版) 2013 (9): 60-66.

113. 张有龙, 赵爱荣. 德国应用科技大学办学特色分析及借鉴——兼论我国应用型人才的培养 [J]. 高等职业教育 (天津职业大学学报), 2007 (1): 93-95.

114. 秦洪浪. 德国 FH 的办学特色对我国高职教育的启示——以代根多夫应用科技大学为例 [J]. 金华职业技术学院学报, 2014 (2): 6-9.

115. 黄炳华, 刘跃明. 德国应用技术大学机械工程学科教学模式及其特色分析 [J]. 职业技术教育, 2009 (5): 89-93.

116. 王健. 德国应用科技大学 (FH) 对我国高等职业教育发展的启示——以黄冈职业技术学院为例 [J]. 黄冈师范学院学报, 2014 (6): 88-92.

117. 孙宾宾. 德国维尔道应用科技大学课程设置与教学实施的借鉴意义 [J]. 大学教育, 2013 (2): 111-112.

118. 曹旭华, 南仲信. 德国应用科学大学实践学期教学模式研究 [J]. 浙江科技学院学报, 2010 (5): 381-386.

119. 刘瞵辛, 殷红, 米靖. 校企合作的典范: 德国 FH 的职业教育模式研究［J］.职教论坛，2014（25）：84-87.

120. 肖美良.国外教师教育实习特点分析［J］.世界教育信息，2006（4）：60-61，64.

121. 张德强.对德国高校实践教学的印象和思考［J］.辽宁工学院学报，2007（3）：.111-112.

122. 赵晓茜.借鉴德国应用技术大学工程管理专业教学模式，探索现代应用型教育的转型之路［J］.考试周刊，2013（9）：20-21.

123. 黄亚妮.德国FH实践教学模式的特色剖析［J］.职业技术教育，2004（25）：67-69.

124. 徐纯.德国应用科学大学应用型科研发展研究［J］.中国成人教育，2015（6）：102-104.

125. 张帆.德国两大高校科研排行榜述评［J］.大学（学术版），2010（7）：76-83.

126. 赵凌.应用科技大学如何提升科研水平：德国的探索与实践［J］.比较教育研究，2016（2）：59-63.

127. 徐纯，钱逸秋.德国应用技术大学的应用科研建设与启示［J］.天津中德职业技术学院学报，2014（2）：47-50.

128. 杨聪，孙宾宾.德国应用科技大学的科研定位及对我国高职院校的启示［J］.价值工程，2015（2）：261-262.

129. 杨建国.德国应用技术大学内部治理结构对我国高职院校制度建设的启示［J］.成都航空职业技术学院学报，2012（2）：1-5.

130. 谭谊.德国应用科技大学学生参与学校教学管理探析——以代根多夫应用科技大学为例［J］.商品与质量：消费研究，2014（10）：97-98.

131. 胡蕾蕾.德国应用科技型大学的制度研究［D］.南京：南京理

工大学，2010（6）：20.

132. 吴琛，詹友基. 德国应用技术大学课堂教学特点及启示 [J]. 高等理科教育，2015（1）：62-66.

133. 范琳，邓忠波. 新时代高职产业学院建设模式实践探索 [J]. 职教论坛，2021（9）：38-43.

134. 李潭. 产业学院：校企合作新型路径 [J]. 教育评论，2017（11）：27-30.

135. 张艳芳. 关于高职混合所有制产业学院的思考 [J]. 职业教育研究，2017（10）：15-19.

136. 刘香萍，徐伟. 基于利益相关者理论的应用型高校产业学院的发展机遇和挑战 [J] 景德镇学院学报，2020（4）：17-21.

137. 张兵，邹一琴，蒋惠凤. 共生视角下的地方本科院校产业学院建设 [J]. 高等工程教育研究，2021（4）：125-132.

138. 韦家悦. 高校治理现代化视域下开放大学转型发展的现实困境及路径选择 [J]. 湖北开放职业学院学报，2022（4）：51-53.

139. 周红利，吴升刚. 高职院校产业学院的演化综述 [J]. 中国职业技术教育，2021（18）：65-69，74.

140. 李艳，王继水. 我国产业学院研究：进程与趋势——基于CNKI近10年核心期刊的文献研究 [J]. 中国职业技术教育，2020（3）：22-27.

141. 朱洪波，王友云. 地方高校治理转型的现实选择：内涵、特色与融合发展 [J]. 贵州社会科学，2021（8）：96-102.

142. 王剑俊. 信息化驱动高校治理现代化转型的维度、路径与关键 [J]. 中国高等教育，2021（11）：44-46.

143. KERR C. Expanding Access and Changing Missions：The Federal

Role in U. S. Higher Education ［J］. The Educational Record：Washington，1994（75）：27-31.

144. Janice Nahra Friedel, Zoe Mercedes Thornton, Mark M. D'Amico, Stephen G. Katsinas. Performance-Based Funding：The National Landscape ［R］. The University of Alabama, Education Policy Center, 2013.

145. Hans Johnson, Patrick Murphy, Margaret Weston, and Kevin Cook. Higher Education in California：Performance Budgeting ［EB/OL］. （2014-11-14）［2018-8-10］.

146. Federal statistics office. Expenditure on education and culture ［EB/OL］. ［2018-5-10］.

147. Commission on Global Governance. Our Global Neighborhood：The Report of the Commission on Global Governance ［R］. Oxford University Press，1995.

148. ETZKOWITZ, LEYDESDORFF. The Dynamics of Innovation：From National Systems and "Mode2" to a Triple Helix of University - industry - Government Relations ［J］. Research Policy, 2000, 29（2）：109-123.

149. Hans-hennig von Grüberg, 陈颖."德国转化与创新机构"之必要性研究——以德国应用科学大学为例［J］.应用型高等教育研究，2018（1）：5-10.

二、报纸

1. 唐景莉，陈强，郭炳德.吴启迪：新建本科院校科学定位是关键［N］.中国教育报，2005-11-11（01）.

2. 董洪亮.地方本科院校怎样转型［N］.2014-05-15（18）.

3. 夏明忠.新建地方本科院校转型发展的对策及实践——以四川省西昌学院为例［N］.中国教育报，2015-11-09（007）.

4. 柳友荣.转型不是高校自导自演的"独角戏"［N］.中国教育报，2015-06-19（001）.

5. 熊丙奇.地方本科院校转型，别是政府部门一厢情愿［N］.中国青年报，2014-03-31（011）.

6. 袁贵仁.全面深化综合改革 全面加强依法治教 加快推进教育现代化——袁贵仁部长在 2015 年全国教育工作会议上的讲话［N］.中国教育报，2015-2-12（001，004）.

7. 周晓菲.治理体系和治理能力如何实现现代化［N］.光明日报，2013-12-04（004）.

8. 钟秉林.高校转型如何才能名副其实［N］.人民政协报，2016-3-30（010）.

9. 李剑平.浙江不再"一把尺子"衡量省内大学［N］.中国青年报，2015-8-5（01）.

10. 杨农.转型需要校企合作 转向还须"政校合辙"——地方本科高校转型须重视发挥地方政府作用［N］.人民政协报，2015-8-12（009）.

11. 习近平.完善和发展中国特色社会主义制度 推进国家治理体系和治理能力现代化［N］.人民日报，2014-2-18（001）.

12. 朱士中.一场悄然兴起的教育变革——地方高校转型发展的改革创新实践（三）［N］.中国教育报，2013-12-16（006）.

13. 一所地方高校的转型突围——合肥学院十年建设应用型大学之路［N］.中国教育报，2014-4-16（001）.

14. 介晓磊.黄淮学院破解地方本科高校发展难题 探索应用技术大

学办学 [N]. 中国教育报, 2014-4-14 (012).

15. 曹晓蕾. 韩国产学研合作的经验与启示 [N]. 新华日报, 2009-9-1 (7).

16. 刘向兵. 变革内部治理结构, 推进地方高校转型 [N]. 人民政协报, 2016-03-30 (010).

17. 习近平. 切实把思想统一到党的十八届三中全会精神上来 [N]. 人民日报, 2014-01-01 (02).

18. 重庆文理学院. 创新办学 破解新建本科院校转型难题 [N]. 中国青年报, 2011-5-30 (4).

19. 全国新建本科院校教学质量监测报告 (摘要) [N]. 中国教育报, 2016-4-08 (008).

20. 孙道远. 国外是怎样培养 "双师型" 教师的? [N]. 中国教育报, 2007-3-1 (04).

21. 唐景莉, 赵丹龄, 殷长春. 新一轮高校人事制度改革迫在眉睫 [N]. 中国教育报, 2014-5-12 (09).

22. 姜大源. 结构问题是课程开发的关键 [N]. 中国教育报, 2016-08-23 (003).

四、相关文件

1. 中华人民共和国国民经济和社会发展第十三个五年 (2016-2020 年) 规划纲要 [EB/OL]. (2016-3-17) [2018-8-1].

2. 国家中长期教育改革和发展规划纲要 (2010—2020 年) [EB/OL]. (2010-7-29) [2018-6-1].

3. 关于深化教育体制机制改革的意见 [EB/OL]. (2017-9-24) [2018-7-2].

4. 国务院关于加快发展现代职业教育的决定［EB/OL］. (2014-06-22)［2018-8-2］.

5. 现代职业教育体系建设规划（2014—2020 年）［EB/OL］. (2014-6-23)［2017-5-3］.

6. 关于引导部分地方普通本科高校向应用型转变的指导意见［EB/OL］. (2015-10-23)［2017-9-4］.

7. 中共中央关于教育体制改革的决定［EB/OL］. (1985-05-27)［2017-10-05］.

8. 中国教育改革和发展纲要.［EB/OL］. (1994-7-3)［2017-7-3］.

9. 中共中央国务院关于深化教育改革，全面推进素质教育的决定［EB/OL］. (1999-6-13)［2018-10-06］.

10. 职业学校校企合作促进办法［OB/EL］. (2018-02-12)［2018-08-23］.

11. 关于深化产教融合的若干意见［EB/OL］. (2017-12-19)［2018-5-10］.

12. 普通本科学校设置暂行规定［EB/OL］. (2006-9-28)［2017-3-15］.

13. 普通高等学校设置暂行条例［EB/OL］，教育部网站，(1986-12-15)［2016-8-22］.

14. 教育部关于"十三五"时期高等学校设置工作的意见［EB/OL］. (2017-2-4)［2018-06-22］.

15. 国家教委关于开展建设示范性职业大学工作的通知［EB/OL］. (1995-12-19-2-4)［2018-07-20］.

16. 部办公厅关于开展普通高等学校本科教学工作合格评估的通知

（教高厅〔2011〕2号）［EB/OL］.（2012-1-8）［2018-04-2］.

17. 中华人民共和国高等教育法［EB/OL］.（2019-01-07）［2020-04-15］.

18. 教育部等五部门关于深化高等教育领域简政放权放管结合优化服务改革的若干意见［EB/OL］.（2017-4-6）［2018-02-23］.

19. 教育部关于地方本科高校转型发展的指导意见（征求意见稿）［EB/OL］.（2014-10-31）［2018-08-3］.

20. 现代产业学院建设指南（试行）［EB/OL］.（2020-08-11）［2021-03-14］.

21. 河北省本科高校转型发展试点工作实施方案的通知［EB/OL］.（2016-06-30）［2017-11-8］.

22. 辽宁省人民政府办公厅关于推动本科高校向应用型转变的实施意见［EB/OL］.（2015-11-06）［2018-12-17］.

23. 浙江省教育厅办公室关于开展应用型本科高校建设评价工作的通知［EB/OL］.（2017-10-19）［2018-1-20］.

后 记

　　地方本科高校转型发展是21世纪以来一项政府主导、学校主体、企业主动、社会参与的综合改革，其改革无论在力度上、广度上还是时间上都是我国高等教育领域中最大、最广和最长的大事件。本研究立足地方高校转型治理视角，从国内外多方面广泛收集文献资料，围绕地方本科高校转型治理进行了初步探索，主要结论有以下几点。

　　地方本科高校转型发展表面上看主要是经济转型升级的需要，高等教育结构调整的需要以及现代职业教育体系构建的需要等，但最终指向的是一个"真"字。即通过学校办学理念转变，管理机制变革，学科专业结构调整，人才培养模式创新，师资队伍实践能力提升，校企合作、产教融合推进，教育教学质量保障体系重构等一系列改革，最终要改革的是学校过去做的不实、不真、不到的地方，即推动转型发展高校把办学思路真正转到服务地方经济社会发展上来，转到产教融合校企合作上来，转到培养应用型技术技能型人才上来，转到增强学生就业创业能力上来，全面提高学校服务区域经济社会发展和创新驱动发展的能力。

　　地方本科高校转型治理的过程，既是教育思想观念转变的过程，也是重塑政校关系的过程，更是推进现代大学制度建设的过程。首先，地方本科高校转型发展是人们思想领域转变和统一的过程，转变人们重视普通高等教育、轻视高等职业教育的错误观念，统一人们将职业教育、高等教育和继续教育融为一体的思想。其次，地方本科高校转型发展推动政府转变职能，将学校视作共同推动地方经济社会发展的亲密"伙伴"而不是政府的"附庸"。最后，地方本科高校转型发展也加速了学校独立办学、开放办学的进程，回应了现代大学制度建设的本真要求。

地方本科高校转型，地方政府主导主责。从行政管理的角度应遵循"咨询、计划、决策、实施、总结、评价"的过程。具体应做好统筹区域内高等教育结构，制定好分类管理体系；整体设计好地方本科高校转型方案，做好部门分工，明确具体任务；制定好转型的各项配套政策，做好双师、应用型院校设置、评估、经费投入等方面标准和办法；推动地方本科高校深化校企合作、产教融合，做好专业、课程和教学与地方产业、职业标准和生产过程的全面对接；开展转型监督和评估，把好转型发展方向和质量关；及时总结和推广转型经验，为全面推广奠定基础。

现代产业学院是地方本科高校深化校企合作，产教深度融合的新形式、新趋势和新模式，它打破了传统意义上校企合作松散，合作双方"冷热不均"的问题，集中了合作的最大公约数，将合作各方的需求、投入、利益等核心要素紧紧地捆绑在一起，抱团取暖、同舟共济，真正实现了产业链、创新链、教育链的有效衔接，为产业转型升级、高校转型发展打造了一个双赢的利益共同体。

本研究的创新点主要体现在以下三个方面。

1. 总结提出了地方本科高校转型发展的三个阶段。在全面占有研究文献、整理文献的基础上，提出了我国地方本科高校转型发展的探索酝酿期、转型试点期和转型推广期三个阶段。

2. 系统回答了地方政府在本科院校转型外部治理中应发挥的作用。本研究首次从地方政府的角度分析了其在地方本科高校转型发展中存在的不足，并提出了发挥作用的对策，完善了地方本科院校转型研究的理论体系。

3. 努力探索了地方本科高校转型内部治理的两个切入点，从个人经验对转型高校治理结构和治理能力两个方面提出了对策建议，并从德国应用科学大学的成功经验中总结出学校、政府和企业等利益方的责任关系。

此外，本研究综合性地运用定量与定性研究相结合的方法，从理论、政策和实践层面，深入挖掘地方院校转型发展个案资料，全面分析政策要求，系统梳理理论研究，将内容有理、有据、有实地整合在一起。

本研究还存在一些不足，受研究者自身专业和工作性质所限，对地方高校的发展乃至教育规律的认识还不够深入，由于缺乏实践经验，文中部分内容论述还不够深刻、具体。此外，国外文献资料搜集还不够充分，研究视角还不够开阔等。这些问题，在以后的研究中，我们将一一完善，进行更为深入地挖掘、总结和研究。

本书为我们 2021 年承担的衡水学院校级课题（2021SK14）和衡水学院著作出版基金资助成果，希望能在地方高校转型发展理论探索方面起到抛砖引玉的作用，为广大地方高校转型发展实践提供有益参考。本书在出版过程中得到了贵社张金良同志的全程无私帮助和指导，以及相关同仁的支持与厚爱，在此深表感谢！恳请同行专家和读者对书中的错漏和缺点提出批评！

2022 年 4 月